松下幸之助の霊言

大恐慌時代を生き抜く知恵

大川隆法
RYUHO OKAWA

まえがき

おそらく、本書は、政府関係者や、知事、マスコミ関係者を仰天させる内容となっているだろう。

憲法記念日の今日、政府は、コロナ・パンデミックに便乗して、改憲に緊急事態条項を盛り込もうとしている。

私は改憲論者だが、今、日本が、ナチス・ドイツに似てきているのを感じている。そんなに北朝鮮や中国のような国になりたいのか。首相と知事の緊急事態宣言で、大手航空会社も交通機関も、駅のキオスクも、百貨店もトンカツ屋も、理容店も、映画館もつぶれかかっている。今、必要なのは知恵であって、法律による強制力ではない。マスコミがゲシュタポになり、一般国民が、密告者になる国にはしたくない。

今、必要なのは、信仰心と自由、各人の独立心である。感染を怖れる必要はない。インフルエンザと同じ対処でよい。恐怖心で未来社会をつぶすなかれ。

二〇二〇年　五月三日

幸福の科学グループ創始者兼総裁　大川隆法

大恐慌時代を生き抜く知恵　目次

大恐慌時代を生き抜く知恵
―松下幸之助の霊言―

二〇二〇年四月二十六日　収録
幸福の科学　特別説法堂にて

9 経営の神様から幸福の科学へのエール 197

「霊言現象」とは、あの世の霊存在の言葉を語り下ろす現象のことをいう。これは高度な悟りを開いた者に特有のものであり、「霊媒現象」（トランス状態になって意識を失い、霊が一方的にしゃべる現象）とは異なる。

なお、「霊言」は、あくまでも霊人の意見であり、幸福の科学グループとしての見解と矛盾する内容を含む場合がある点、付記しておきたい。

大恐慌時代を生き抜く知恵

――松下幸之助の霊言――

二〇二〇年四月二十六日　収録

幸福の科学　特別説法堂にて

松下幸之助（一八九四～一九八九）

実業家。和歌山県生まれ。九歳で小学校を中退し、大阪に奉公に出る。大阪電灯（現・関西電力）勤務を経て、一九一八年に松下電気器具製作所を創業。自転車用ランプやラジオ等を開発して事業を拡張し、三五年、松下電器産業（現・パナソニック）に改組する。事業部制、連盟店制度など独自の経営方法を導入し、「経営の神様」と呼ばれた。また、ＰＨＰ研究所や松下政経塾を設立するなど、思想啓蒙運動にも尽力した。

質問者

宇田典弘（幸福の科学副理事長 兼 総合本部長）

小林早賢（幸福の科学常務理事 兼 総合誌編集局長 兼「ザ・リバティ」編集長）

大川裕太（幸福の科学政務本部東京強化部長）

［質問順。役職は収録時点のもの］

1　経営の神様に「大恐慌時代を生き抜く知恵」を訊く

これから来るものは、人類にとっての「未体験ゾーン」

大川隆法　おはようございます。

宇田　おはようございます。

大川隆法　コロナ・パンデミックについて、今、いろいろな方に、「どうしたらいいか」といったことを訊いているところですけれども、まだ少しだけ早いかなとは思いつつも、これから来るであろう経済恐慌について、松下幸之助先生にも訊いてみたいと思います。

おそらく、日本の政治家も、外国も、先のことは誰も考えていない状態ではないでしょうか。現在は、とにかく「死者を減らす」ということで、もう頭がいっぱいでしょうけれども、これからあとに来るものは、少なくとも、今、生きている人類にとっては「未体験ゾーン」に入ると思うのです。

これまでにも、経済的な後退をした経験というのは、多少ありますけれども、今回は、規模的には、一九二九年の世界大恐慌か、日本の敗戦後ぐらいのレベルのものが来る恐れが強いと考えています。

ただ、そうしたことについては、まだ誰も考えておらず、感染症関係の医者の言うことをきいて、そのまま行政をしているような状況だと思いますので、これから大変ではないかと思います。

今、日本では、公式には約一万三千人の感染者が出て、三百人ほど亡くなったということですが（収録時点）、調べていない人もいるので、本当はもっと感染者がいるはずです。

さらに、今後、「会社倒産や失業、あるいは、いろいろな病気になって亡くなったり、自殺したりするような時代が来ないとも限らない」ということについては、まったく考えていないでしょう。基本的な経済インフラと思われるものを、人為的に、徹底的に破壊している状態なので、これを元に戻せるかどうか。時間が長引いた場合は、元に戻らないかもしれません。

要するに、会社を潰してしまったら、あとが大変なのです。中小・零細企業等が潰れるというのは、当然、誰もが予想していることでしょうけれども、もし、このレベルの状況が一年、二年以上と長く続いたら、大手ゼネコン、ＪＡＬやＡＮＡ、それからＪＲ、ホテル、百貨店と、みな潰れていく恐れもあります。

学校も潰れていくかもしれません。授業もないまま二年間も空けていたら、給料を払っていることに対して〝反乱〟が起きることもありえます。

これは、〝ひどい時代が来る〟のではないかと思います。誰もが、まだ対策ができていないし、考えてもいないでしょう。

経済活動が半減しそうな今、「経営の神様の霊示」が必要

大川隆法　今、連休に突入したところですが、「連休明けに、緊急事態宣言が解除されるかどうか」ぐらいのことで、みな頭がいっぱいかもしれません。しかし、それほど簡単なことではないだろうと思います。

今、破壊しているものがそうとう多くあります。これは、「ウィルスが破壊しているのではなく、人間が破壊している」のです。政治家や行政をしている方々が、人為的に破壊しているものなのです。

そのことに対し、政治学者や行政担当者、経済学者がもっと言わなければいけないのですけれども、ほとんど〝口封じ〟にあっていて、今は感染症関係の専門家ばかりが発言しています。

マスコミは、例えば、「連休初日の新幹線の自由席乗車率がゼロパーセントでした」などと、うれしそうにテレビで報告しているのですけれども、それがどういう

●**連休明けに……**　2020年4月7日、安倍首相は、新型コロナウィルスの感染拡大を受けて、7都府県を対象に「緊急事態宣言」を行った。当初、期限を「5月6日まで」としていたが、2020年5月4日、「期限を5月31日まで延長する」と発表した。

ことを意味するのか、分かっているのでしょうか。

「これから何が来るのか。一千百兆円の借金があるこの国は、いったいどこまで行くのか」ということを思うと、私はその怖さを感じています。このままでは、経済活動は半分どころではないところまで落ちていく恐れもあるので、「あとでこれを回復できる人がいるのだろうか」と思わずにはいられません。

これが日本だけの話で、世界の国々がまだ健全であれば助けてくれるかもしれませんが、百数十カ国、みな同じ状態なので、もはや助けてくれるところがありません。おそらく、先進国が〝全滅状態〟になっているでしょう。

これはもう、「神の啓示」だけでは駄目で、「経営の神様の霊示」が要るのではないかと思っています。今は非現実に聞こえるとしても、この先はどうすべきだと思うか、やはり聞くべきでしょう。

ただ、もし、これを来月号の「ザ・リバティ」（幸福の科学出版刊）に載せたところで、読む人は、まったくきかないと思います。そんなことは非現実なものにしか聞こえず、「何年も先のことなど考えられない。今は当面の感染を食い止める」などということを言っていると思うのですけれども、これから来るものは〝そうとう怖いもの〟であり、私も背筋が凍りつくぐらいの感じを受けています。

ただ、私だけがそういうことを言っているのかと思ったら、政治学者の三浦瑠麗さんなども、そのようなことを言っていました。この人は、東京大学の二十年以上後輩になりますけれども、父親が防衛省関係の仕事をしているらしく、本人もいちおう保守系のようです。「コロナウィルスで死ぬ人だけが死者ではなく、ほかの病気などが原因で死んでも、やはり死者一名であることは一緒です」というようなことを言われていて、「ああ、同じようなことを言う人もいるんだな」と思いました。

そのように、肺炎で死んでも、ガンで死んでも、栄養失調で死んでも、あるいは、飛び降り自殺をしても、首吊りをしても、死者であるということでは同じなのですが、ほとんどの人は、そこまでは考えていないと思われます。

それにしても、政治家はうれしそうにも見えます。「行くのはスーパーマーケットだけにしてください」と言ったら、みなスーパーにゾロゾロ行くので、「家族で散歩代わりに行くのはやめてください。一人にしてください」ということになって、その次は「三日に一回にしてください」などと言い出しています。もはや、戦時中の統制経済のようになりつつあります。

ただ、法律がなくても自由に言うことをきかせられるので、役人や政治家などは、おそらく快感だと思うのです。例えば、「連休には移動しないでください」と言われると、みな家でじっとしているわけです。

まあ、飼い慣らされればそのようなものでしょうが、これは、貴金属をすべて取り上げられて、「はい、〝シャワー〟を浴びてください」と言われたユダヤ人のようなところに、今、向かっているように見えるところもあります。

松下幸之助を招霊し、これから来る時代を生き抜く知恵を聞く

大川隆法　とはいえ、私の主観があまり入ってもいけないので、いろいろなことに

ついてご質問を下さればよいと思います。

松下幸之助先生については、紹介しなくてもだいたい分かるでしょうから、もういいでしょう。直接、本人の意見を長く聞いたほうがよいと思うので、私からの解説はこのくらいにしておきます。

（質問者に）では、お願いします。

それでは、「大恐慌時代を生き抜く知恵」と題しまして、松下幸之助さんの霊言を頂きたいと思います。

松下幸之助先生、どうぞ降りたまいて、幸福の科学を通して、これから来る時代を生き抜く知恵として、経済、経営、その他、人間としての生活上の知恵等、どうしたらよいのか、お教えください。

いろいろな方の悩み相談があると思うので、そういったことについてお答えくだされば幸いです。

世界大恐慌、昭和大恐慌も経験され、敗戦後も経験された松下先生でしたら、これから来るものについて何を考えるか、「異次元的発想」もあると思います。
どうぞ、よろしくお願いします。

（約五秒間の沈黙（ちんもく））

2 近代インフラの崩壊（ほうかい）の危機

開口一番、「最初からギブアップや」

宇田　松下幸之助先生でいらっしゃいますでしょうか。

松下幸之助　はあー。大変やねえ。

宇田　はい。今日は、先生から……。

松下幸之助　いやあ、もう、分からんわ。

宇田　（笑）

松下幸之助　最初からギブアップや。私らはコロナに罹らんし、あの世に還れば逃げられるよ、〝コロナ菌〟からな。ただ、体はなくなっとるけどなあ。

まあ、みんな早うこっち来たらどうやね？

宇田　（笑）

松下幸之助　もう逃げられへんで。

分からんよ。ねえ？　分からんけど、デタラメでええなら、まあ、答えるよ。貧乏の経験や不況の経験はいっぱいしたし、敗戦？　頭から爆弾いっぱい落とされて、逃げ回る体験はしとるからさあ。

まあ、それに比べりゃあ、コロナは見えんから。人は死ぬんやろうけど、まだ、死骸が転がるところまでは行ってない。外国では、もしかしたら、ちょっとあるのかもしらんけど。何万も死んでるところはあるかもしらんけど。

まあ、ない知恵で、小学校中退でどこまで行けるか分からんけど、ない知恵を絞って、経験だけで、頑張って行けるところまで言うてみますわ。

宇田　はい。

松下幸之助　「パナソニックが倒産した場合、どうしたらいいか」だけでも、二時間ぐらいかかるかもしらんけどな。ほんとを言うと、パナソニックをどうしたらええかと訊かれても、二時間かかるかもしらん。ああ、危ないかもね、どこもね。

まあ、いいや。君らに任すわ。

今、「近代インフラが全滅する方向」に向いている

宇田　まず最初に、今日のタイトルとして、「大恐慌時代を生き抜く知恵」というものを頂きました。

しかし、冒頭の総裁先生からのお話にもありましたように、世間はまだまだ、「目先の一カ月ぐらいで、このコロナ不況は終わるんじゃないか」という考えが、マジョリティー（多数派）です。

松下幸之助　うーん。

宇田　一部の方々のなかには、「そうでもないんじゃないか」と言う方もチラチラとはいるのですけれども、まだ本当に少なくて、「この状況が続いていくと、どのくらいの不況がやって来るのか」というのが分からないところがあります。

そこで、予言ではありませんけれども、未来予測として、天上界(てんじょうかい)よりご覧になっている幸之助先生から、「これは、単純な一つの小さな不況で終わるのか、それとも大恐慌まで行ってしまうのか」という、そのあたりのマクロな見方をお教えいただければと思うのですが。

松下幸之助　まあ、博士号を取ってるわけじゃないからねえ、経済のね。よくは分からんけどさあ。直感的にはね、要するに、戦う知恵がなかった場合、権力を持ってる方というか権限を持ってる方に知恵が足りなかった場合は、いや、そんな「大恐慌」なんてもんじゃなくて、「原始時代まで返る可能性」だってないとは言えんと、私は思いますよ。

宇田　ああ、そうですか。

松下幸之助　だって、もう、今やってる方向はそっちだから（笑）。もう〝原始時代〟だから。あと、みんなどうするかって、「イモを植えよう」とかいう運動になるんかもしらんねえ。「サツマイモを植えよう。食料になるものは何でもいいから、空き地につくれ」とかいう。みんな農民になっとるかもしらんよ。「漁業」と「農業」で生きてるかもねえ、ええ。

宇田　そこまで戻らなければいけない感じですか。

松下幸之助　ああ。だって、「近代インフラが全滅する方向」に、今、向いているからさあ。これ、やる人がいない。要するに、家を建てたくとも建てられる人がいない。もう、航空会社もなくなっている。タンカーを動かそうと思っても、つくるところもなければ、石油も運べないっていう状態になってりゃ、まあ、そういうことになるわな。

焼け跡のバラックから再建するってのは経験あるけど。ただ、そのときは、外国がまだ……。何と言うか、欧州も荒れたけどね、アメリカとかにはまだ力があったしねえ。だから、助けてくれるところがあったけど、今はアメリカが〝主戦場〟になっているし、「日本がアメリカを助ける」と言うたって、非現実でしょう。

宇田　ええ。

松下幸之助　現実問題としてねえ、何もかも備わってるアメリカが勝てないもんなら、日本から助けられるようなもんでないし、ヨーロッパも、とてもじゃないけど手が届かないし。どこか、でもねえ、強国が一つ、安全に生き延びとればねえ、まだいけるけど、これ、〝全滅〟と見て。

もしかしたら、「生き残ってるのは〝菌〟に強い種族」ということになりますと（笑）、〝褌一丁〟で走ってる人たちは生き延びてるかもしれない。菌に強かろう、たぶん。感染もそんなにしない可能性が高いので、菌だらけのなかで生きてる、要するに、馬や牛と一緒に寝泊まりしてる人たちは、そんな簡単には死なんかもしらんが、近代生活をやってる人は〝全滅〟の可能性。だから、消毒しなきゃいけないような人たちは、〝全滅〟する可能性は、ほぼあるね。

宇田　なるほど。

延焼を防ぐ「江戸の火消し」のような考え方を

松下幸之助　あと、全員生きててもね、みんな病気、みんな入院で、「誰がそれを養うんだ」っちゅう話だわな。

家族だってさあ、両親が病院に行ったら、子供はみなどうなるの。ねえ？　誰が引き取るの。で、引き取るところも、もう感染してるよ、どうせ。病院、駄目。孤児院、駄目。保育園、幼稚園、みんな駄目。小学校、駄目。いったい誰が面倒を見るんだ。ああ。

これは、すごいことになるよ。だから、考え方を、どこかでこれ、変えないといかんかもしらん。

「被害の拡大を抑止する」っていう考え方をしてるけれども、悪いけど、この、何て言うかな、「江戸の火消し」みたいな考え方をしなきゃいけないかもしれない。

その家が燃えているのを消そうと、みな、最初は考えるけど、「火が強すぎて消せない」と見えたら、次は延焼を防ぐほうに入るから。だから、隣町に移らないように、近くにあるもの、建物とか全部壊さないと。要するに燃えるものがないようにしてしまう。で、火消しをやるよね？

宇田　はい。

松下幸之助　「まったく燃えていない家を壊すとは何事か」と、こう思うけど、それをしなきゃ、江戸中が全部、火の海になっちゃう。

なんかちょっと、そんな感じがしてるので。

宇田　なるほど。

「何人ぐらいまでの感染・死亡は受け入れる」という見切りが要る

松下幸之助　そろそろ、感染学者を〝副知事代わり〟で使うだけでは、もう駄目だと思うんで、経済、経営、政治、建設、それから交通、旅行、いろんな会社の、そういう人たちの悲鳴をちゃんと反映しないと、大変なことになるよ。うん、うん。

小林　そうしますと、基本的には、やはり「インフラは止めてはいけない」という方向で持っていかないといけないということですね。

松下幸之助　いやあ、見切らないと。「何人ぐらいの死亡までは受け入れる」っていうぐらいは、もう見切らないと。

だって、今、三百人ぐらいでしょ？　日本で死んでるの。

宇田　はい、そのくらいです。

松下幸之助　世界で二十万ぐらいか？　二十万人死ぬのは、それは戦争したらすぐ死ぬし、大津波が起きても死にます、二十万ぐらい。

ただ、あと、回復できないところまで全部が行ったら、これはきついでしょうね。

宇田　そうですね。

松下幸之助　それと、「短期決戦」の考えだけど、要するに、前例があればね？

何でもそれ、経験があれば、「短期決戦」っていうのは読めると思うんだけど、前例がないレベルだから。

おそらく、今、三百万人ぐらいの感染が、世界で行ってるけど、本当は、それは十倍以上あるのは確実で、数千万……、まあ三千万人以上は感染してるでしょうから。これが三千万ぐらいまで行ってるとしたら、それからうつっていく速度を考えると、もう「億」の単位に、簡単に入ってくるから。

そうすると、そういう人たちと、この世で共存しなきゃいけないわけよ。感染してる人と。それで、「人間嫌い（ぎらい）で経済は成り立つか。経済的人間は成り立つか」っていうことになると、けっこう厳しいと思うんだよねえ。

宇田　そうですね。営業が、まずできなくなります。

松下幸之助　経済も駄目だけど、政治も、もう成り立たないよ。政治も、「人と会ってはならない政治」?

宇田　はい。

松下幸之助　なんか、今日聞いたのでは、コロナウィルス対策担当の大臣? 自宅勤務になったとか。マスクをつけて自宅から意見を言っているとか。これはもう駄目だよなあ。ほぼ終わってるわ。もう終わってるんで。なんも対策できないことを意味してるので。自分の命が惜しければ、もう駄目だわなあ。

ということで、急速に頑張ってロボットでもつくって大臣に据えるしか、もう方法はないねえ。もう、マスクで防げない時代が来ると思うよ。ひどいよ、これは。

宇田　そういう意味では、冒頭で総裁がおっしゃったとおり、単純な不況ではなくて……。

松下幸之助　違（ちが）う。

宇田　「昭和恐慌」、あるいは「戦後の焼け野原レベル」まで、意識しなければいけないということでしょうか。

松下幸之助　景気循環（じゅんかん）なら回復はすると思うけどねえ。

宇田　はい。景気循環による不況ではないですので。

松下幸之助　それから、日本の三十年近い経済停滞（ていたい）みたいなものもあるから。ただ、不況とまでは言えない。現状維持（いじ）が続いてはいて、ええ。

宇田　はい。成長率は、とりあえずゼロパーセントですが。

松下幸之助　あと、人口が増えないことも言い訳にしていたけど、これは、どこまで落ちるかが、今、分からない。

「ニューヨークは、百パーセント外出禁止」とか、あんなのをやってたら、「ネズミも死ぬけど、人も死ぬ」みたいな状況だからね。食堂から残飯が出ないから、ネズミも野良猫も野良犬も死ぬけど、人間も死ぬかもしれない状況だわなあ。

これは、まあ、私だったら、どこまで……。だから、総理の立場やったら、「何人ぐらい死ぬまで受け入れるか。感染は何人ぐらいまで受け入れるか」を考えて、あとの人を生かす方法を、やっぱり考えなきゃいけない。

みんなを、何て言うか、うーん……。「プールで溺れてる人が一人出たから、学校は火事になっとるけども、誰一人、水に近づいてはいかん」みたいなことを言ってるような感じには見えるわなあ。

今、世界は貿易で成り立っとるからさあ。自分のところだけで全部できる、一貫してできるところはまだええけど、日本は原材料がないから、まずは貿易がなかったら、ものをつくるほうの企業だってできないんだよ。

ものができなければ、売れもしないし。まあ、買い付けのところも……。今、百貨店が休んでるけどさ、単にコロナのために休んでるだけでなくて、買い付けに行けないのもあるんじゃないかと思うな。外国まで行けないんだろう?　たぶんな。

宇田　行けないですね。はい。

感染の「第二波」「第三波」に加え、「戦争」が起きるかもしれない

松下幸之助　でも、こういうことは、今、世界各国を回っとるから。今、（感染が）盛んなところがあって、それが、しばらくしたら少し下火になるかもしらんけど、ほかのところがガーッと上がって、それが下火になって、また、ほかのところが上

がって、下火になって、グルッと回ると、次、新種というか、変種して強くなってきた〝菌〟が、またもう一回、二回、三回、「第二波」、「第三波」まで……。スペイン風邪は第三波まであったから。わしの覚えてるだけでも、第三波まであったんで。だから、免疫ができないというか、変種してくるんだよ。
これでいくと、すごいことになるし、さらに、今の状況は、「戦争」が起きるかもしれない雰囲気もあるから、これに戦争まで加わると……。

宇田　うーん。

松下幸之助　これは、したがるんですよ。軍需産業は、景気回復のために戦争をしてほしいんです。〝最終の消費形態〟は戦争ですから。

宇田　そうですね。アメリカは、特にそれをしますね。

松下幸之助　要するに、壊して、撃って撃って弾を撃って、艦船や飛行機をみんな落として、そしたら生産しなければいけなくなるから、景気がよくなるんですよ。まず、それを考えるから。かつてもやったから、それを考えると思うけど、それによって、また、経済のほうは壊されて再建ができなくなる。工場とか、みな燃やされるからねえ。

それを考えると、わしは、今の時代に生まれとらんでよかったなあと思うわあ。

宇田　（笑）

松下幸之助　百四十歳まで生きようと思うとったけど、こういう世界は、死んでよかったなあと。まあ、助かったわ。

宇田　そうおっしゃらずに（笑）。

松下幸之助　ああ。

　平均寿命が半分になり、少子化問題が解決する？

宇田　もし今、幸之助先生が地上に降りて、この国の、特に経済面を担当する大臣などの指導者として、一企業家ではなく、政治家として、マクロな政策を考えるとしたら、今おっしゃられたことを前提に、どのあたりから手をつけられるでしょうか。

松下幸之助　日本人の平均寿命が、女性がなんぼ？　八十……八ぐらい行ってるのかなあ。五、六、七、八？

宇田　八十七歳ぐらいです。

松下幸之助　男性が八十ちょっとぐらい？

宇田　はい。

松下幸之助　平均したら八十三、四歳ぐらいになるんかなあ、知らんけど。この平均寿命が、だいたい半分になると計算せないかんかもね。

宇田　半分ですか。

松下幸之助　ああ。江戸時代に戻って、「四十歳で引退して、伊勢(いせ)参りして四十五歳までには死ぬ」っていう状態になるかもしらんなあ。平均したらね。

ただ、少子化のところは、もしかしたら解決する可能性はあります。だって、「どこにも行くな」って言うんでしょ？　「連休もどこも行かず、会社も行くな、家でじっとしてろ」って言うんでしょ？　もう子づくりするしか、あと仕事はないじゃないですか。

宇田　（笑）

松下幸之助　だから、子供は増える可能性があるから、少子化は解決するかもしらんけれども、ただ、病気で死ぬのが半分ぐらい出る可能性が……。

宇田　人口は、やはり減っていくということでしょうか。

松下幸之助　まあ、若返るわなあ。若返るから、その意味では、君たちの今持ってる悩みは解決する。

ただ、死骸の山だし。今、私が株を投資するとしたら、焼き場と葬儀産業の株は、買えるもんなら買うなあ。これはすごい儲かる、しばらくは。それは確実やな。

3　企業と個人が生き残るためにすべきこと

役所が出勤しているなら、企業にも出勤する権利はある

松下幸之助　病院はねえ、もう〝繁盛しすぎて〟倒産。あれは黒字倒産に入るから。〝客が来すぎて〟、もはや、何も〝商品がない〟状態だから。機材、薬、それから、人手、何にもない感じ。

スーパーも次、人が来すぎて、できないような状態になるから。

まあ、わしやったら東京都庁を責めるなあ。巨大ビルを建ててさあ、一万何千人か入れるんやろ、あれなあ。一万何千人が来て、仕事はしとるんやろう、都庁のほうは。

宇田　何をしているかは分かりませんが。

松下幸之助　「八割、出勤するな」って言っとるが……。

大川裕太　都庁の本庁舎の職員のうち、一万人はテレワークになっているそうです。

松下幸之助　一万人がテレワークになった（笑）。それは、みんな失業者になるから、そのうち。まあ、一万人は家でやっとるんかもしらんけども、何千かは行っとるんだろう？　そこで病気のクラスター（集団感染）が発生せないかんわなあ。してないんやったら、ほかの大企業だって、本社に勤務する権利はあるわなあ。

だけど、みんな休ませとるんだろう？　潰れるよ、それは確実に。

で、役所は潰れないよ。だって、仕事がないもの、もともと。ペーパーワークしかないからさあ、何も生産してないもの。

大川裕太　私の同級生で日銀に勤めている方が、今年の四月から東京に戻ってきたのですが、さっそくテレワークになったそうです。

松下幸之助　ああ、それはもうクビだわなあ。

大川裕太　何をやっているのか訊いたら、自宅で座学……。

松下幸之助　アッハハハハハハ（笑）。

大川裕太　「本を読んでおきなさい」というのが続いているそうです。

松下幸之助　そらあ、霊言集を読まないといかんわなあ。今、出とるやつ（一般書）は、もう全部役に立たんから。もう霊言集しかないよ。

休業が長引けば、政府の補償は当てにできない

小林　そうしますと、まず、「出社させたほうがよい」ということでしょうか。

松下幸之助　いやあ、それはねえ、だから〝決死隊〟よ。もう死ぬつもりで、「何割までは死んでもいい」っていう覚悟でやらないと。

いわゆる経済インフラというか、企業のそれぞれのインフラがあるけど、都知事の小池さんも、安倍さんも分かってへんから。どこの企業でどんな仕事をしてるかなんか。

宇田　はい。

松下幸之助　みんな、「何が止まったら潰れるか」とかあるでしょう？　「このネジが入ってこなかったら、うちの会社は潰れる」とか、「この部品が入ってこなかったら潰れる」とかあるけど、そんなもん、まったくつかんでないから。

それは、会社の人が考えるしか方法はないわけよ。「それがなかったら、うちは潰れるし、この輸入が止まっても潰れるし、この売り先、バイヤーのところが潰れたら、うちも潰れるので、あのバイヤーのところも融資してくれ」ということまで、本当は考えなければいけないぐらいだけど。

三越伊勢丹とか高島屋とか、いろんなところが休んでるけど、これ、あのねえ、一カ月ぐらいなら、それは、まあ、我慢できると思うが、一年休んだら、政府が補償してくれると思うかって、ありえないよ。

小林　もう、そこまで本気で考えないといけないと。

松下幸之助　ありえない。そんな金があるわけないよ。

大川裕太　政府は一律十万円の給付を決めましたが。

松下幸之助　駄目だよ、そんなのは。「働かざる者、食うべからず」だよ。原則はそこなんで。

小林　そうすると、もう政府の補償は当てにならないので、やはり各企業がサバイバルを自ら決断していかないとあかんぞと。

今、必要なのは「人の分散」と「購入ルートの多角化」

松下幸之助　検査のために、病院なんか行くなよ。企業の外のねえ、ちょっと遊び場があるだろう？　昼ご飯を食べたりする公園とか、ベンチとかあるやろ。あそこにテントを建ててね、検査する人はそこへ来てもろうたらええんよ。そこに昼休みに行って、検査してもろうて、陽性かどうかを診てもろうて、まあ、陽性が出たら自宅へ帰ってもらってもええと思うけど、病院にみんな行ったら、病院が潰れるよ。そらあ、それぞれの近所でやってもらったらいいし。

「スーパーには三日に一回行ってください」なんて、これは駄目。〝人殺し〟だよ。

小林　（苦笑）

松下幸之助　こういう都知事は〝人殺し都知事〟って言ったほうがええよ。そうでなくても、都庁の職員はいっぱい余っとるんやから、スーパーの物を背負って、「これを幾らで売ってください」って値段が書いてあるリヤカーを引いて、町を回れよ。そうしたら、食料が手に入るから。そのくらいやらんかったら……。

あんたね、「スーパーに来ちゃいけません、混雑しますから」って、それは間違ってますよ。「分散」しなきゃ駄目なんだ。「多角化」しなければ、人は減らないんだよ。一カ所にしといて、「来るな」って言ったら、これ〝人殺し〟だよ、完全に。

それから、連休だけど、「人が混雑するから、海へ行ってはいけません」とか、「山にも行ってはいけません」とか言って、「アホか！」という。山や海に行ってくれる分にはありがたい話じゃないかあ。人口密度を減らすのはいいことなんですよ。

どうせ〝菌〟なんだからさあ、コロナだって。トランプ大統領が言ってると思うけど、「日光浴したら（コロナウィルスは）死なないのか」って、そのとおりだよ。日光浴で死なない菌なんかないよ。

だから、浜辺でパンツ一丁になって寝転がってもらえばね、病院に行かなくても治る可能性は……。〝菌〟は死ぬかもしれない。塩水で死ぬかもしれない。だから、ちょっと〝芋洗い〟してもらったほうがいいんだよ。

できるだけ分散しなければいけないのに、今、感染が流行ってない県も、「来るな。来るな」だろ？　来たらさあ、車に引っかき傷をつけたり、あおり運転をしたり、追い出しをかけたり、ペンキをかけたりするらしいじゃない。

宇田　県外のナンバーの車が入ってくると、警察に通報する人もいるそうです。

松下幸之助　これはもう、〝ユダヤ人狩り〟とかねえ……。

小林　はい、その世界に入っています。

松下幸之助　大正の〝朝鮮人狩り〟みたいなの。「朝鮮人が毒を井戸に投げて回ってるから」と言うて、自警団ができて、みんなで殺したような、あんな感じになるよ。あと、修復しないよ。この、都市部と田舎の交流。今度は逆に、「おまえら田舎から来るな」っていう感じになるから、すっごい国内が……、うーん、もう内政が悪くなるよ。知事が、お互いすごい憎らしくなって、みんな戦国大名同士の睨み合いみたいになって。

宇田　「自分の県の死者さえ減ればいい」というような……。

松下幸之助　他県ナンバーを見ただけで、もう叩き壊したくなるような感じ？　ガソリンをかけて火をつけてやりたくなるぐらいに、たぶんなるわ。まずい。

自粛期間が長引けば、「原始時代」に向かっていく

大川裕太　経済のところですが、ちょうどグローバル化が進んできていた時期に、冷や水を浴びせられたかたちになり、日本は百何十年ぶりに〝鎖国〟をしているわけですが、ある意味、江戸時代の状態に近づいていると思います。

そこで、「一国のなかで経済を回していくための発想法」のようなものがありましたら、お教えいただけるとありがたいです。

松下幸之助　いやあ、もう、それはねえ、みんな百姓に戻る気持ちでないと（笑）。要するに、テレワークか？　君が言ってるのは。そんな仕事はどうせ要らないんだからさあ。もう、どうせ要らないのは分かってんだから（笑）。とりあえず仕事をしてるふりをしてるだけだから。私はよく知らんけどさあ、今は、インターネットとか、なんかテレビみたいなのを観ながら、仕事をしてるふりをしてるけど、いずれ要らなくなるよ。

あのねえ、〝逆〟をやったらいいんだよ。分からんようだからさあ。マスコミの人は分からんようだから。

宇田　分かっていないです。

松下幸之助　「新聞の発行は月一回でいいです」とか、「テレビは週末に一回だけ二時間ぐらい流してくれれば、あとはもういいですから。感染者が増えてるだけ、死者数が増えてるだけなんで、もう毎日聞く必要はないので。日曜の夜の七時のニュースを一回やってくれたらいいですので、あとは自宅で待機してください」って言ったら、自分がどうなるかは、テレビ局の人と新聞社の人は分かるよ。それは〝解雇〟だよ、どう見たって。

政府の補償でねえ、新聞社がそんなの雇い続けるはずないじゃない。テレビ局もあるわけないじゃない。どうする。食料をつくるか、どこか人手が足りないところに雇ってもらうしか、もうないよなあ。

宇田　そうですね。特に日本は、食料自給率が先進国でほぼ最下位ですし。

松下幸之助　で、エネルギーもないしなあ。

宇田　エネルギーもありません。

松下幸之助　エネルギーもないし。そらあ、海を渡って行けんもんなあ。タンカーに乗ったら感染するもんなあ。うん。病院船が感染するんやから。空母だって感染するんやからさあ。

もうそれは、「原始時代に向かっていく」と思わないといかんわけよ、長引けば。私は、日本の感染対策が見事に成功して、五月六日で、「もうみなさん安心ですから、モグラみたいに出てきて、自由に活発に動いてください」って、絶対ありえないと思う。絶対ありえないねえ。

中国と韓国・北朝鮮の今後について

大川裕太　お隣の韓国は、非常に全体主義的で、「感染者がどこのお店を使ったか、どこを通ったか」ということを全部チェックし、「ここで、この人と会っている。

これが感染ルートだ」ということがほぼ分かるようにした上で、感染者数を減らしたようです。日本にも、「そういうことをやったほうがよいのではないか」という世論が一部あるなかで、小池さんだったら、もしかしたらやりかねないと感じます。

松下幸之助　やったところで韓国は助からんよ。北朝鮮と共倒れになるよ、もうすぐ。中国がねえ、嘘をついてるから。中国は、初期の八万人の感染から、ちょっと増やして、「四千人ぐらい死んだ」と言ってるけど、あるわけがないじゃない。そんなことがあるわけがない。

宇田　そういうことをおっしゃる人たちのほうが多いです。

松下幸之助　本当は、病院がないから検査なんかしてないだけで、ものすごい数の感染者があそこにはいるよ。どう見たって、人口から見てアメリカの四倍ぐらいはいるよ。だから、感染者数は五百万人ぐらいいるわなあ、少なくとも。最低でもね。もっといるかもしれない。

宇田　日本は、相変わらず、中国から食料をかなり輸入していますが、それで大丈夫でしょうか。

松下幸之助　韓国や北朝鮮は切り捨てられるよ、もうすぐ。だから、飢えるよ。でも、世界から孤立してるから、日本からも入らないしね。もう、あそこも〝死ぬ〟よ、おそらくね。ただ、日本のほうがちょっとだけ大きいから、死ぬのはあとやけど。韓国のほうが先に〝死滅〟すると思う。

だから、「今すごく成功してる」っていうところは、みんな終わりになるから、国が。「失敗してる」と思ってるところのほうが、サバイバルする可能性は高いと思うわ。

4　コロナ不況で産業構造はどう変わるか

このままだと、「貧しさの平等が広がる社会」になる

小林　お話を伺っていますと、「決死の覚悟で、経済活動の再開に入らなければいけない」ということでしょうか。

松下幸之助　原始時代に戻るなら、その覚悟でもいい。それはそれで、やれよ。やったらいいけど、日本人はもう駄目やろう。TOTOのトイレで慣れた人たちは、今から肥溜めに返って、その上で、野菜つくって食べるってできるか？　まあ、一時代前やけどなあ、ほんのなあ。

宇田　そうですね。第一次産業はなかなか人気がなくて。

松下幸之助　君らの子供時代から、お父さんたちの時代だけどねえ。トイレは汲み取り式やったからな。それ撒いて、白菜つくって、君たち、白菜の漬物や、そんなものを食うとったんやからさあ。うん。それに戻るんだけど、できるかっていう。

小林　そうしますと、為政者のほうが、そこのところで勇気を持って考え方を変え、舵を取らなければいけないのではないかと思うのですが。

松下幸之助　まず、小池さんにマスクを取ってもろうたほうがええよ。それで、「死ぬなら、まず私から死にます」と宣言してもらう。それこそ陣頭指揮やで。なあ？

感染者が多いところにお見舞いに回ってもらって、できるだけ早く感染するように頑張ってもらって、死んでくれると、都知事が次々と何人も出てこれるから、すごい喜ぶ人がいっぱいいると思うわ、うん。もう選挙なんか要らない。指名したらええねん。

大川裕太　今、産業としては、奢侈品のほうは壊滅的になってきています。

松下幸之助　まあ、みんな潰れるね。

大川裕太　はい。生活必需品だけは何とか供給されていると思いますが、今後、もし業態を変更していくことで生き延びることができれば……。

松下幸之助　まあ、それをまず考えるわな。だから、いちばん近いところから。できるところから。

流通系の、例えば、ショップはいっぱいあるけど、服なんか、「おしゃれしても、もうしょうがない」とかいうふうになってきたら、売れなくなるわなあ。そうしたら、野菜を売ったり、ニンジンを売ったり、リンゴを売ったりせないかんようになるかもしらんわなあ。それはあるし。

うーん……。まあ、でも、もし、〝プラスの面〟があるとすりゃあさ、左翼の方が長らく叫び続けてきた「貧富の差」が解消されて、みんな貧乏になって、〝日本的な平等な社会〟が出来上がる可能性はある。九割は平等。一割ぐらいが、ちょっとだけ搾取階級として、やっぱり残るかもしらんが。

宇田　ああ。

松下幸之助　で、バブル系の企業？　実際に物をほとんどつくることもなく、会社を売り買いしたり、株を売ったり買ったり、証券？

宇田　はい。

松下幸之助　ああ、あんたもそうか（編集注。質問者の宇田は以前、大手の金融機関に勤めていた）。そういう証券だ債券だ、そんなものを売ったり買ったりして儲けてるような連中は、みんな死に絶える。それは、もう失業者よ。確実よ、ほぼ。だから、「何か付加価値をこの世に生まない者は、生き残る必要なし」という感じに、たぶんなる。

「近代的なものがすべて潰れる可能性」が出てきている

小林　それは、ある意味では、「淘汰が進んでいく」という面もあると思うのですが、その間、政府のほうの動きが出てくるのに時間がかかるとは思われるので、「一人ひとりの事業者として、具体的にどのようなことをしていったらよいか」というあたりに関して、教えていただければと思います。

松下幸之助　まあ……、まず、〝財務省を潰す〟ことが大事やろなあ。財務省の役人に農業をさせて、ものづくりを勉強させないと。「食料をつくることから、まず、経済は始まるんですよ」っていうところを、ちょっと勉強させないと、もう表だけ見て考えとるから、あかんわなあ。

ちょっと本当に、役所の人たちは、まあ、テレワークしててもええけど、その一部はいろんな業界に行って、スーパーマーケットに立ってみるとかねえ、地方の店等に立ってみて、実際はどうなっとるか、少し勉強させないと。たぶん、何したらいいか分からんと思うんで。自分らが発した命令が、あと、どんなふうになるのかが分からんから。

宇田　そうですね。

松下幸之助　ＪＲの、連休の駅でねえ、真っ昼間に「乗客率ゼロ」っていうのは、いったいどういう意味を持つのかねえ、駅に立ってみたら分かるよ。

宇田　はい。

松下幸之助　うん、そのキオスクの人に訊(き)いてみたら分かるよ。「これ、どういうことになるんでしょうか」って訊いてみたら分かるよ。「それは、私たちはみんな失業者でしょうね」って答えるわなあ。それで、「東海道を歩いていくんかい？」っていうところまで、最後は行くからねえ。

だから、近代的なものが全部潰れる可能性が、今、出てきたのよ。大変だよ、これ。大変だよ。

宇田　では、「完全に経済の構造が転換するのだ」というぐらいに考えて……。

松下幸之助　いやあ、だから、原子力反対なんかもやって、裁判所も認めてるところがいっぱいあって、動いてない。今、ほとんど動いてないと思うけど、例えば、石油を輸入できないんだったら、もうこれ、動かすしかないやん。「早く動かせ！」ってしないと、エネルギーがもう供給できないから、日本では。石炭だって、もう、ちょっとしか出ないから。

宇田　ないですね。

松下幸之助　外国から輸入すると、それ、クラスターが発生するよ、タンカーで。

「政府が何かしてくれる」と思っている人は見捨てられる

大川裕太　ある意味、政府の要請に真面目に応じている企業ほど、自粛しているかと思います。

アメリカのある都市について伺った話では、例えば、スーパーでも、アメリカ系資本のところは真面目に入店規制を行ったりするのだけれども、中国系や韓国系のスーパーは、そういうことを何も気にせず、いつもどおりやっていることがあるということでした。

松下幸之助　そうやろ、そうやろ。

大川裕太　逆に、そのように、たくましくやったほうが生き残るのではないかという可能性もありますよね。

松下幸之助　いや、それはねえ、「脱法行為をしている」と思えば、日本人なんかは「悪い」と思っちゃうけど、脱法行為じゃなくて、「自衛行為、もしくはサバイバルしたい人だけが生き残る」んだよ。

サバイバルする気がなくて、「配給制で政府が何かしてくれるだろう」と思ってる人は、見事に見捨てられるよ。だって、首相は辞めればいいもん。辞めたら責任はなくなるんだから。あとの人は、「いや、私がやったことじゃない」って言えるからさ。

だから、「政治家というか、総理とか、その周りの人たちは、どこの会社が潰れようが、何とも思ってないんだ」っていうことを知ったほうがいいよ。

宇田　ただ、彼らは、恐怖政治ではないですけれども、「都の命令や国の指導に従わないと、企業名を公表する」などと言って〝脅して〟います。

松下幸之助　うん、そうだよ。

宇田　それで、今、経営者が企業名を出されるのを恐(おそ)れて自粛しているので。

松下幸之助　それで、マスコミが一体になってやっとるんだろ？

宇田　はい。

松下幸之助　それを聞いたら、私の経験から言やあ、戦後はそうだよなあ。GHQ（連合国軍最高司令官総司令部）に財閥(ざいばつ)指定を、松下電器はされて。

宇田　はい、されました。

松下幸之助　うち、財閥ちゃいます。私一代でつくったもんで、財閥と違いますますす。

戦争末期に政府から命令を受けてさあ、「木造でいいから、船でも飛行機でもつくってくれ」って言うから。いやあ、（飛行機の）試作品をちょっとつくろうとしてたぐらいのときで戦争が終わってもうたけども、「政府に協力したから、それは三菱や三井と一緒や」っていうような感じで財閥にされて。

これを解くために、もう四年ぐらいＧＨＱに通うて、交渉し続けたぐらいなんで。「お上が正しい」なんて思うたらあかんよ。

宇田　はい。

松下幸之助　それは、自分というか、自分の会社の社員を護るのは、「社長の仕事」ですよ。本当に休ませてええんかっていう。働けるなら働いたらいい。

いや、陽性になったら休んでもろたらいいんだよ。それは、そういうことで。お客さんにうつしたら悪いからなあ。だけど、陰性（いんせい）やったらマスクをかけてやったらええよ。

産業間のバランス、都会と田舎（いなか）のバランスの変化

松下幸之助　だから、ある意味で、この第一次、第二次、第三次、第四次と高度化している産業構造やろうけど、上に行くほど金儲けがよくて、高学歴の人が集まっとるんやろうけど。

宇田　そうですね。

松下幸之助　そちらのほうがみんな失業者になって、階級が、要するに壊（こわ）れるから、平等社会にはなるけど。

うーん……、まあ、君……、ああ、君はもしかしたら、農業ができるかもしらん基礎体力を持ってるかもしれないけど。まあ、年を取っとるから、もう無理かもしらんけど。腰が曲がって痛いからなあ。

宇田　（笑）

小林　最近、専門家に聞きましたら、この構造にいいところがあるとしたら、結局、みんなが地元に帰らざるをえなくなって……。

松下幸之助　最後、そうなる。

小林　そこで、みんなが農業など、いろいろなことを始められると。これが唯一のいいところかもしれないということでした。

松下幸之助　いや、でも、「受け入れてくれるとすれば」だけどな。

小林　はい。

松下幸之助　だけど、「受け入れてくれない可能性」もあるからさ。今、「里帰りするな」と言っとるやろ？

宇田　ええ。

松下幸之助　だから、田舎を捨てて東京人になった人間は、もはや〝村八分〟で、「君らは、もう田舎の人間ではないんだ」ということで。

長野新幹線が走ってさ、「長野までは通勤圏です」とか言ったのに、長野あたりまでが「来るな」って言ってるわけですから、連休に。それはねえ、いやあ、しこりが残るよ、あと。

小林　やはり、その考え方をちょっと改めてもらわないといけないですね。

松下幸之助　うーん、いやあ、まあ、平等の思想でいったら〝感染率も平等〟にしなきゃ。

諦めろよ。「岩手ゼロ」っていうのはおかしいよ。日本のチベット。病院がないんと違うか？　本当に。まあ、まったく観光客が来ない……。

大川裕太　岩手県は、実は四国の八割ぐらいの面積があって、「すでにソーシャル・ディスタンスが成立している」という話もあります。

松下幸之助　ああ、なるほど。じゃあ、狸や狐が罹ってる可能性が高いなあ、そう とう。だから、〝次の食料〟が感染してる可能性があるな。

小林　いずれにしましても、ある種の諦めを持って動き始めなければ、もう大変な ことになるぞということでしょうか。

松下幸之助　うーん、まあ……、しょうがないわねえ。もう最後は、焼き場が絶対 足りなくなると思うから。

いや、もう、これで、国の悩みは〝解決〟するんだよ。「高齢者医療・福祉、障 害者福祉・医療が先にもたなくなるので、税金が要る」って言ってたけど、みんな 死ぬから、それで、きれいさっぱり……。ああ、まあ、でも、〝死んで喜んでいる 人〟も死ぬから、たぶん。その政治家も死ぬから、それはすっきりはするんじゃな いかなあ。

大企業の巨大倒産もありえる時代に

小林　今回、「ザ・リバティ」で取材もしているのですが、「いろいろと休業要請が来るのだけれども、そうは言っても、家賃と人件費の固定費のところはどうするのだ。うちは大企業のようにキャッシュがないので、止めるわけにいかないんです」というように、やはり、本気で怒っている方もいらっしゃいました。

松下幸之助　そう、外食産業とかは店を閉めたら、それは客が来ないから、食料の材料は要らないけど、アメリカみたいに人をすぐにクビにはしないから、家賃も人件費も抱えてるよねえ。これを補償してくれるんかっていう。

そんな、政府が各企業に補償するのに何年かかると思ってるんだよ。それはありえないよ。「役人をもっと増やさないといかん」と、どうせ言い出すぐらいのことだろうけど、それは生産性を生まないね、たぶんね。

いや、だから、小さいところが先に潰れるとは限らないんですよ。大きいところも潰れる。

小林　そうですね。

松下幸之助　うん。チェーン店があるようなところも潰れる可能性があって。「今まで繁栄の条件だったもの」が駄目になるよねえ。

宇田　ああ、規模の経営でやっていたところが、逆に危ないということですね。

松下幸之助　うん。郊外とかでうまくいってたところが、もう駄目になる可能性も……。

小林　「JAL（ジャル）やANA（アナ）などは、どうするつもりなのですか」と、思わず言いたくなります。

松下幸之助　それは全部、もう一回、倒産（とうさん）でしょう。〝巨大（きょだい）倒産〟ですよ、間違いなく。でも、客が乗らないものを再建しようがないわな。

5　日本社会の先行きを予測する

日本における今後の感染者数の伸び率について

小林　新幹線も、自由席の乗車率がゼロパーセントで空気だけ運んで、全体の乗車率でも十パーセント程度なのに、「それでいったい、いつまでやるのですか」という……。

松下幸之助　いや、それは、すべては「連休で全部解除できれば」の話やろ？　でも、可能性として……。

宇田　厳しいですね。

松下幸之助　日本の今の感染率から見たら、「これから」でないとおかしいよな。

宇田　ああ。

松下幸之助　アメリカの人口が、（日本の）二・五倍ぐらいか三倍かあるかもしらんけど。

宇田　はい、そのくらいです。

松下幸之助　まあ、あそこで（感染者数は）九十万人ぐらいか？（収録時点。四月二十八日に百万人を突破）

宇田　はい。

松下幸之助　それくらい行ってるから。日本は、やっぱり今、三、四十万人は行ってないとおかしいのに、それが一万なんぼだと、これから伸び率がすごいある。これから、もし、三十万人ぐらい感染者が出るとしたら、医療崩壊なんかじゃ済まないよね。学校が病院に代わってるわな、次は、おそらく。あの空間、「生徒は来て勉強していませんから、空間はあります」と。だから、あそこに布団を敷いて入院になる可能性は高いわな。

小林　もう、医療の考え方そのものを変えないといけない時期に入っています。

松下幸之助　資格なんか関係ないもん、これ。だって、治せないんだから。「呼吸器」だけ言って、「肺炎になって呼吸ができない人を救う」とか、「延命させる」とか言ってるけど、それはもう無理です。たぶん無理でしょう。

大川裕太　今、病院でやっているのは対症療法といって、もう薬はないので、熱が出たら解熱剤を出し、食べ物が喉を通らなくなったら点滴を打っているだけなので、「重篤にならないかぎり、病院に行く意味はない」というようなところもあります。

松下幸之助　いやあ、点滴なんか、それは人数が増えたら、もうできるわけがない（笑）。

宇田　できないです。

松下幸之助　できない。いや、病床を確保すること自体が、非現実な話ですよね。

宇田　はい。

松下幸之助　だから、もうあと、列車が走らなくなったら、線路の上に寝かせたらええんやなあ、ほんまに。「動き出したら、君たちは死にますから」って、「早く治ってくださいね」って言って、寝てもらえばええぐらいの感じや。もう救えないです。

当たり前のことしか言っていない医者や感染学者

大川裕太　業界として、一つお伺いしたいものがあります。当会も映画をつくっていまして、今、映画館が一斉に休業しているのですけれども、これが、連休が明けて解除になるかどうかも分かりません。解除されても、「一席、二席空けて座ってください」ということになるかもしれないのですけれども、今後……。

松下幸之助　まあ、それは、岩手は上映してもいいかもしらんけどさあ、ハハハ（笑）。そやから、できるところもあるかもしらんけど、ゼロだったら、それはしてもええんだろうけど、映画館（の数）がないわなあ。そもそもな。

だから、都市部は……。これ、医者の言うことを信じて、感染学者が「人が集まれば感染する」って。これねえ、専門家でも何でもないわ。当たり前のことを、誰でも思いつくことを言うとるだけや。「人と接触しなければうつりません」って、これ、すごく原始的な医療だと思うよ、うん。「人口が少なかったら、疫病は流行りません」って言ってるんでしょ？

いや、そらあ、〝間引いたらいい〟だけでね。だから、もっと言やあさあ、〝陽性が出たら、みんな殺していけばいい〟わけだからさ。

殺すのは忍びないので、一本ずつ縄を各家庭に配布。マスクの代わりに、次、縄が来るんですよ。それで、「感染、陽性になったと思ったら、首を吊って死んでください。死んだら、即焼いてください」っていう。「近くに原っぱでも空き地でも河原でもあったら、即焼いてください」って。「その焼く燃料がない」って、次は言い出すと思うので、「できるだけ原価のかからんもので焼いてください」っていうことを言い出すと思う。

〝ナチスのゲシュタポ〟のようになっているマスコミ

小林　このあたりも、夜の食事になると、例えば、品川等の駅の近くの店は、都の要請で夜八時以降は食事を出さないようになっているのですが、ちょっと離れますと、やはり、ポツンポツンと開けている店があります。それで、ちょっと覗きますと、けっこう繁盛しているお店があって、お客様はそれぞれ自分で考えて、自分の責任で動いています。

松下幸之助　でも、それをあれでしょ、攻撃するでしょ？　テレビとか新聞社が回って、「なんで店を開けているんですか」と、こう来るでしょう。

小林　ええ。

松下幸之助　だから、彼らが、ナチスの、何て言うの、あれ、〝ゲシュタポ〟みたいな感じで摘発して、テレビで、「ここが、こんなに客が来て賑わっています」というのをやられたら、それは、社会的制裁、村八分だよなあ。

宇田　はい。

松下幸之助　何かねえ？　戸越銀座とかも、「いっぱい来てます」と言われたら、もう店を閉めないといかんようになってるんだろ？

宇田　ええ。

松下幸之助　いや、これ、マスコミに休業を早くしてもらったほうがええと思うな、ほんま。

冗談ではなく、「日銀の倒産」もありえる

大川裕太　最近、経営者の方とお話をしていたのですけれども、近年、アナリストなどは経営の指標として、「ROE（株主資本利益率）の高い会社、株主に利益を配分している会社がよい会社なんだ」と言っていたのですが、実は、今回の不況で、そういう会社は全部経営が厳しくなっていて、今は、内部留保を大量に持っていた会社のほうが、「あと何年か生き延びられるか」という状況になってきています。

松下幸之助先生は、生前、「ダム経営」という話をされていましたが、何年分ぐらいのダムがあれば、生き延びられるでしょうか。

松下幸之助　まあ、考えてみたらいいよ。郊外で流行っていた外食店、何でもいい、「すかいらーく」でも、あるいは「ステーキ何とか」でも構わないんだけど、客を取って、自分で回っていた店だよね。それで、黒字が何とか出ていた店。でも、「店を閉めろ」と言われたら、まあ、閉めざるをえないわね。

　そして、「それの家賃と人件費を、政府が出し続けたらどうなるか」ということですが、それは、今までみんなが働いてくれている状態でも、（国は）「一千百兆円の赤字」をつくってるんで。これは「天文学的」っちゅうか、こっちにも使える額になって。

　いやあ、本当に冗談ではなくて、「日銀の倒産はありえる」と思いますよ。

小林　ありえると思います。

松下幸之助　ありえると思いますよ。いやあ、「再建したい」と言うだろうけど、それは本当に、「日銀が二年後にあれば」の話ですよね。

小林　真面目(まじめ)に引き受けていったら、どう見ても倒産です。

松下幸之助　いや、日銀といえども倒産しますよ。だって、〝国家倒産〟は、ほかの国で起きてますから、やっぱり。

小林　はい。

松下幸之助　だから、引き受けられないですよね。「赤字国債(こくさい)その他を引き受けろ」っていったって、もう無理で。

宇田　無理ですね。これ以上は、もう無理だと思います。

松下幸之助　今は、もうすでに過剰（かじょう）気味になってるし。

小林　ええ。債務超過（ちょうか）ギリギリのところまで来ています。

松下幸之助　外国からの投資が、今の状態では入るわけないでしょう。

政府も国民も〝詐欺（さぎ）〟をし始める時代が来る？

松下幸之助　あとは、中国のまねして〝偽（にせ）ビットコイン〟みたいなのをつくって……、あそこは、つくって生き延びようとすると思うけど。「国家的詐欺（さぎ）で生き残り」しかないんですよ、次はね。

そういう、なんか「仮想通貨」みたいなのを国がいっぱいつくりまくって、金があるかのように、「見せ金」みたいなので回っているふりをやるしかないけど、これは、やっぱり崩壊するだろうとは思いますね。針でつついただけで風船がパーンッと裂けるように、きっとなるだろうと思う。

これからは、〝詐欺の時代〟だと思うよ。

宇田　詐欺の時代……（苦笑）。

松下幸之助　詐欺は横行する。政府も詐欺する。政府も自治体も詐欺するけど、国民でも、もう飢えてきたら、みんな詐欺をし始める。自宅で勤務して、テレワークしている人たちは、もう詐欺をするしかないので。「詐欺商法」が流行ると思います。

宇田　気をつけなければいけないですね。

松下幸之助　「みんなが欲しいものを手配してやる」というような詐欺が、いくらでも流行るので。詐欺で儲けて……、これは第三次産業だよね、少なくともね。

こんなのがいっぱい流行るけど、警察は感染して動けないからね。もう、ほとんど動けなくなるから、取り締まれない。

「自分の会社は自分で護る」という原則に戻るべき

松下幸之助　だから、いちばん手堅いのは、やっぱり、「自分の会社を自分で護る」「従業員は社長が護る」。その原則に戻さなければいけなくて。トップが覚悟したこと、「従業員がこのくらい死んでも構わない」と覚悟してやるのなら、やっぱり、それを尊重しないと。だって、もう国は補償ができないもん。

宇田　はい。

松下幸之助　できるのは……。あのね、パナソニックの二十何万人か、これ倒産して、国がそれを、一生面倒見てくれるかっていったら、そんなのありえないですよ。

宇田　はい、無理ですね。

松下幸之助　じゃあ、ヒュンダイが雇ってくれるんかっていうね。ありえないですよ。ありえないですよ。行くところはないですよ。

宇田　はい。

松下幸之助　行くところはないんですよ。

本当に、みんな里帰りして、田舎(いなか)で農業の手伝いでもして食っていく以外、方法はないですよ。

だから、最後は「自給自足経済」ですね。会社は潰(つぶ)れるから、今、「潰れる前に護れ」っていうところだよ。死ぬのは、もう防げないよ、一定の率。

ロボット化・未来化ではなく、原始化する可能性がある

大川裕太　何とかサバイバルするために、「産業において、国としてやっておいたほうがよいこと」はあるでしょうか。例えば、宅配をドローンでやるようにするとか、あるいは、全自動のロボット工場を増やしていくとか。

松下でも、ヨーロッパの企業の幹部とお話をしたときに、日本の会社のほうはかなり機械化が進んでいたので、「これは、もう追いつけない」と、びっくりしてしまったといった話がありました。やはり、そういうところで何とか生き残っていく方法を……。

松下幸之助　ただ、君、怖いことを言ってるんだよ。「ロボットが人間に代わること」を、それは意味しているからね。

大川裕太　なるほど。そうですね。

松下幸之助　だって、ロボットは感染しないしね。

いやあ、でも、残念だけど、鉄鉱石が日本にはないし、石炭・石油が入らないと、ロボットづくりだって、そんなにできないわな。

だから、内需は内需だけど、ロボットのニーズはあると思うよ。でも、そんなに未来化するかどうかは疑問やな。もっと原始的になる可能性がある。

君、理科の教科書を取り寄せて、もう一回、植物の育て方とか勉強しないと。

今の時期は、何を植えたらいいんだね？　分かるか？

大川裕太　今の時期は、四月ですので、田植えの時期ですかね。

松下幸之助　素人（しろうと）が水田をやるのは大変だよ。

大川裕太　そうですね。

宇田　釈量子（しゃくりょうこ）党首は、「イモを植えたほうがいい」と言っていましたね。

松下幸之助　それは、ビルの屋上に田んぼをつくるところからやる……、銀座でも一つあったわな。ビルの屋上は田んぼだよ。校庭も田んぼだよ。もしくはイモ畑だよ。な？

あとは、ビルを壊（こわ）して、それでゼネコンが潰れてる場合、更地（さらち）にして畑にするしかないよなあ？

小林　意外と一次産業ということですね。

「日本のエネルギー問題」をどう見ているか

大川裕太　あとは、世界のレベルで言いますと、今、石油の消費がかなり減りましたので、石油が値下がりして、産油国のほうがどんどん弱っていくという方向性になっているのですけれども、逆に、石油がかなり安いので、今のうちに備蓄しておけば、かなりの量は使えるかもしれないとも思います。

エネルギーのところについては、何かアドバイスはありますでしょうか。

松下幸之助　距離があるのでね。だから、「交通インフラ」のところを壊されてしまったら、かなり厳しいわなあ。

だけど、あちらも、石油の産油国も、今、感染は広がってきているし、「戦争の危機」もあるからね。このウィルスと戦っている時代に、今、中国が日本近海に来ているようにね……。

宇田　ええ、来ています。ちょっかいを出し始めて……。

松下幸之助　あんなふうに、イランの艦船が、なんかいろいろと、チョロチョロ邪魔したら沈めてもええって、トランプさんは言うとるんやろう？

宇田　ええ、言っています。

松下幸之助　それは、ウィルスと同時並行で戦争をやる気はあるんやろうけど、石油は入ってこんわな。

宇田　はい。

松下幸之助　アメリカのシェールオイルとかも値下がりしたから、売る先があれば、それはうれしいんだろうけど、太平洋を渡(わた)って持ってこれるかなあ。船がみんな感染するでな。

宇田　そうですね。

松下幸之助　長時間、長期間乗ればな、感染するので。作業員・乗組員を全部ロボットにしないとできんわな。だから、無人船か？

宇田　でも、不況になれば、海賊(かいぞく)も現れるかもしれませんし。

松下幸之助　海賊ねえ。

宇田　ええ、航路も危ないんですよね。

松下幸之助　無人船ならええが。うーん、ラジコンみたいなので動いてくれれば、そらあ、いちばんええが。

とにかく、人間が要らない時代が来る。お荷物の時代が来るから、これを逆転させて、「いや、人間様はまだ必要なんだ」っていうところをつくらないといけない。君、だから、「中東の油を安く買えるんじゃないか」というのは、まだ現状の認識だよ。

大川裕太　なるほど。

松下幸之助　インド、アフリカへ行くと、牛馬の糞をせんべいみたいにして、家の壁に貼り付けて、天日で干して、これを燃やして、ご飯の煮炊きをしているんだよ。分かるか？　だから、うんちだよ、ご飯をつくる〝原材料〟は。

君らは、そこまで行けるか？　ああ？

小林　それは無理ですね。ですので、やはり、考え方を変えていく必要があると思います。全体としての生き残りは難しいかもしれませんし、あるいは、それで人口は減るかもしれませんけれども。

松下幸之助　まあ、でも、君らの政党（幸福実現党）が生き残っとるかどうかは知らんけども、言ってたことが正しいことは証明されると思う。もし、原子力をフル回転して、高速増殖炉の「もんじゅ」とかも使えるようにしてたら、エネルギーのところはね、もうちょっと生き延びられる可能性はあったけど。

食料は増産するしかないから、都会の失業者を地方に、国元に戻して。どうせ、いろんなところから、田舎から集まってるから、半分ぐらいは。だから、国元に戻して、「農業」をまず手伝って、次に、人手が余れば「工業」。工業のほうに、ものづくりをやるほうに回さなければいけない。

ただ、資源がないので、ものづくりが、また木とか、そんなのに戻ってくる可能性は高いわな。「木造」に、いろいろなものがなってくる。

6　危機の時代における宗教のミッション

「コロナウィルス問題」に対応できる宗教は幸福の科学だけ

松下幸之助　ロボットをつくりたくても、ロボットをつくるための材料がないし……。

宇田　金属が要りますからね。

松下幸之助　スマホをつくるのだって、貴金属が要るんだろう?

宇田　はい、要ります。

松下幸之助　スマホもケータイもつくれなくなる可能性はあります。だから、そんなもの要らんでしょう？　スマホやケータイは。糸電話で十分で。

宇田　農業は、天気が分かれば十分ですよね（笑）。

松下幸之助　どこかに問い合わせ場所をつくって、そこに問い合わせを糸電話ですりゃあ、百メートルぐらい聞こえますからね。そこに情報を集めて。あと、回覧板ですよね。もうね、テレビは映りませんから、回覧板を回したらいいんですよ、回覧板。それで十分ですよね。

マスコミが潰れたらどうなるか。宗教が代わりをしてくれます。回覧板を回すのは宗教の仕事になりますね。布教誌と共に回覧板を回してくれれば、十分ですね。だから、君たちの支部が〝役場の代わり〟になることだってあるかもしれませんね。

宇田　新型コロナウィルスが蔓延して、一般の方々が「死」を意識するようになってから、当会も、入会者がかなり増えています。

松下幸之助　そうだろうね。

宇田　やっと、少しずつ「宗教の大切さ」が……。

松下幸之助　だって、対応することを言っているのは、おたくしかないもん。

宇田　はい、幸福の科学だけですから。

松下幸之助　でしょう？　ほかのところは、どこも対応できないんだからさ。

宇田　当会からは、「免疫力を高める法」なども発信されています。

松下幸之助　「ワクチンをつくるしかない」とか言っているけど、つくれてないんだろう？

宇田　はい。

松下幸之助　あと、ほかの、インフルエンザの薬かなんかを転用したら、死ぬんでないかとか。まあ、〝実験材料〟だよな。奇形児が生まれるとか言っているんだろう？

●「免疫力を高める法」なども……　幸福の科学の支部、拠点、布教所、精舎では、大川隆法総裁の法話「免疫力を高める法」を開示。CD・DVDとしても頒布している（宗教法人幸福の科学刊）。また、支部、精舎では、「中国発・新型コロナウィルス感染撃退祈願」も開催している。

宇田　はい。

すでに「救い」が現れている幸福の科学

松下幸之助　いやあ、おたくはすごいよ。あのローマ法王より〝強い〟んだもんな。あちらが祈(いの)っても、イエス様は〝挨拶(あいさつ)にも来ない〟んだろう?

宇田　はい。

松下幸之助　だから、●昨日(きのう)やっとったやろう?　あれは守護霊(しゅごれい)やろう、たぶん。何次元か知らんけどさ。

宇田　本人の意識に近いかもしれませんが。

●昨日やっとった……　本霊言収録の前日(2020年4月25日)、大川隆法総裁は『イエス・キリストはコロナ・パンデミックをこう考える』(幸福の科学出版刊)の校閲(こうえつ)を行い、その内容に反応してローマ教皇フランシスコの守護霊が来たため、霊言が収録された。『ローマ教皇フランシスコ守護霊の霊言』(幸福の科学出版刊)参照。

松下幸之助　五次元ぐらいの意見を言っていたように聞こえるけど、まあ、まあ、それは言っちゃいけないかもしれないけども。まあ、五次元かどこか知らんけど、六次元か知らないけど、そこらへんにいる人が見ていて、「イエス様が降りてきているかどうか」ぐらいは見えるわな？

宇田　はい。

松下幸之助　法王が祈ったら、「ハハーッ」って祈ったら、イエス様とか、神様とかが降りてきているかどうかは見えるわな。大天使が羽をつけて降りてきているか。「来ていない」っていうんだろう？　それは、だから、「救い」はないわけよ、実際上。

君たちのところには、「来てる」っていうんだよな。映画館だって、二、三人は配置しているっていう話や、ねえ？　映画を上映するときは、奇跡（きせき）を起こすために。

●五次元ぐらいの……　この世界は多次元構造となっており、「この世」である「三次元世界」と、「あの世」である「四次元以降の世界」に分かれ、霊人は各人の魂の悟りや心境に応じた次元に住んでいる。五次元（善人界）は、精神性に目覚め、善良に生きた人が住む世界。『永遠の法』（幸福の科学出版刊）参照。

なあ？　これ、効き目はあるんや。

宇田　ありますよね。

松下幸之助　だからさ、〝武器〟をつくってるよなあ。素晴らしいやないか、なあ。

宇田　はい。伝道の武器は、大川総裁のおかげで、たくさんありまして。

松下幸之助　まあ、映画は、かかるか、かからんかは交渉もあるだろうけど、かからんかったら、今、テレビでかけるのもあるし。あとは、ものをつくって、ＤＶＤで売ってもええやん。そらあ、パナソニックを生き返らせる方法になるかもしらんな。

宇田　そうですね。

●映画館だって……　幸福の科学の映画が上映されるときには、各映画館に２〜３名、地上にさまざまな現象を起こすタイプの霊人が来て、金粉を降らせたり、病気を治したりといった「奇跡」を起こしている。2019年12月22日収録「ゴータマ・シッダールタの霊言」（幸福の科学の支部、拠点、精舎にて公開）参照。

松下幸之助　大量に発注してくれれば、そりゃあ、ありがたいな、潰れるかもしらんから。

まあ、君ら、戦う気があるからさ。戦う気があるところは偉いと思うよ。

警察や自衛隊とかは、本当に、感染すると非常にまずい仕事で、自衛隊も出動できなくなるからな。だから、信者は増えるよ。

あとは、次、〝神様の仕事を取っていた〟医療関係者の入信がいっぱい来るけど、来てもらったら〝菌〟を持ってくるから、ほかの人に迷惑がかかるんで、「医療関係者の入会受付はこちら」って、テントを立てて別枠で受けないと、すでに持っているものと思われるので。

宇田　別のところで。

松下幸之助　「〝入会料金〟もちょっと高めになりますけど、よろしいでしょうか？」っていう感じの。「ほかの人にうつした場合の保険料がかかりますので」っていうことになるかもしらんな。

あるいは、「病院丸ごと祈願してもらわなければいかん」っていうことで、団体受付？　「病院から、一単位、一億円単位で、集団祈願を受け付けます」「なかに入った患者と医療従事者全員を救うための祈願を、毎日執り行いますので」っていうことだって、まあ、ないとは言えないわな。

宇田　なるほど。

松下幸之助　次は〝新しい商売〟をつくらないと生きていけないもんな。

宇田　そうですね。そういう意味では、「外に出るな」という自粛要請が出て、家にずっと籠もっていて仕事もないと、やはり、人間は鬱になってきます。

松下幸之助　いや、殺し合うよ、最後は本当に。

宇田　精神的に病んでくる人が、増えるのではないかと思うのですけれども。

松下幸之助　うん。池の鯉だって、一定数以上は生きられないんで。子供ができても食うぐらいだから。そらあ、そうなるんだよ。

だから、やっぱり、まず学校をね、早く開けて入れないと。あれは次、病人がみんな寝るよ、あそこ。まもなく。

宇田　そうですね。

松下幸之助　夏休みまで引っ張ったら、病人のマットレスを敷かれて、いっぱい運び込まれて、もう子供は行けなくなるよ。

でも、家だって、感染したら、これはもっと狭いよ。マンションなんて、そんなこのへんで3LDKとか入れるのは、みんな金持ちだよ。もっと小さいところに入っとるんだから、たまんないよ。

だから、こっちよりも下町のほうが、感染率は低い。下町よりは田舎のほうが感染率が低いから、人間としては何とかして警備網をかいくぐって、ナンバーを偽造してでも田舎に帰ろうとするわな。今、やっぱり一番人気は岩手、二番人気は徳島だからさあ。

宇田　（笑）

松下幸之助　「徳島ナンバーに何とかして加工してくれ」っていう、こういう〝闇産業〟が流行って、「徳島ナンバーをつくってくれ」って偽造して、それで県内にとにかく入り込むっていう。夜陰に乗じて入り込まないと、入らないように自警団が見張り始めると思うからさ。

宇田　昔の関所みたいになりますね（笑）。

松下幸之助　岩手ナンバーと徳島ナンバーをつくったら、〝ぼろ儲け〟だよ。ぼろ儲けするよ、今。だけど、人口がやたら急に増えてくるっていうことはあるわね。

まあ、このままだと阿波踊りも中止やろう。なあ？

宇田　はい。

宗教による「現世利益」と「来世利益」を強調する必要がある

松下幸之助　いやねえ、これは、国民は平等に痛みを受けないといかんし、「一定の感染と死者」は受け入れないといかんと思うよ。

でも、これはねえ、今、潰れかけてるお寺を救うことになるかもしらん。お寺が廃業、廃業で、お墓もみんな廃業になってきてるけど、もしかしたら……。

ああ、でも、お坊さんのお経では救われんかなあ。そうやな、救われんなあ。幸福の科学の職員数が二十万人とかいうことになるかもしれない、それは。

宇田　ああ、そうですか（笑）。

松下幸之助　だって、役人はみんな逃げ込んできて出家するかもしらんで？　だって、レイオフ（一時解雇）されるから。

だけど、必要でしょう？　「読経は頑張って覚えます」と。「修行は一週間で、"促成栽培"してください」っていう。始まるかもしらんなあ。

宇田　ええ。この世で命を落とした方は、来世に還ってから幸福になっていただくために、少なくとも成仏してもらわなければならないので。

松下幸之助　●「正心法語」は、『般若心経』の一万倍効くんやろ？

宇田　はい。

松下幸之助　そりゃあ、一万倍だったら、もはや経済原理は働かないよ。こんなもの、迷う人はいるわけがないじゃないか。なあ？　だから、君らの霊言ではイエスが出てくる。ねえ？　釈尊が出てくる。アッラー

●「正心法語」　幸福の科学の根本経典『仏説・正心法語』のこと。仏陀意識から降ろされた言魂で綴られており、これを読誦することで天上界とつながり、霊的な光が出てくる。

の神が出てくる。もうこんなの、世界の宗教は〝倒産〟よ。もう、みんな要らないんで。こりゃあ、君らねえ、世界制覇の一歩手前よ。

宇田　（笑）

松下幸之助　いやあ、こりゃあ、流行るで。で、一緒にほかの産業もねえ、お金が貯まったらね、もう〝買収〟していったらええのよ。

あのねえ、銀行は潰れるよ、たぶんね。だから、銀行で手ごろなものがあったら、買収したらええよ、お金を集めといて。手ごろな銀行を買収してね、手ごろなメーカーもいいのがあったら買収してね。まあ、ガソリンスタンドチェーンも、ええところがあったら、ちょっと買収するのがええよ。基幹産業を支えるどこかをね、信者が増えて、植福が増えて、金が貯まったらね、ちょっと買収したらいい。

銀行に預けたって、銀行が潰れると思って、みんな信者も怖がるからさ。「教団に預けたい」って、次、言うようになるから。

宇田　ええ。そういう声が来ています。

松下幸之助　うん。銀行のかたちはあったほうがええからさあ。潰れた銀行をね、まあ、潰れそうなところを買い取ってね、〝幸福の科学銀行〟にしてしまえばいいよ。そうしたら安心して集まるからさ。金融業の機能も、君たちには可能だよ。

あと、株券の代わりのものも発行できるよ。国債じゃなくて〝幸福の科学債〟っていうのを出せるよ、お札と一緒にな。お札を載せてな。「あなたの寿命を何年延ばす」っていうお札が付いてる。

宇田　（笑）

松下幸之助　売り出せる。いいねえ。

大川裕太　今、お話をお伺いしていましても、例えば、普通は大不況が起きたら、「ケインズ経済学」に基づいて、政府がたくさんお金を出して、何とか軍需産業をやっていくというのが定石であったわけなのですけれども、今、日本の場合は、政府がもうこれ以上、国債を発行できないところまで来ていますので、民間であったり幸福の科学であったり、そういう組織が、政府の代わりに人々を救済していくということを考えたほうがよろしいのでしょうか。

松下幸之助　まあ、ビル・ゲイツさんとかが、世界中でいちおうやってはいるんだろう？　使えるお金も、何兆円か何十兆円かあるんだろう？

宇田　はい。

●ビル・ゲイツさんとかが……　ビル＆メリンダ・ゲイツ財団は、新型コロナウィルスに対するワクチンや治療薬開発を支援するため、4月15日までに、計2億5千万ドル（約270億円）を提供すると発表している。

松下幸之助　財団に分けているから、あそこ自体は潰れないから、活動はできるだろうな、医療関係。

ただ、医療ではもう限界が来たことを、みんなが悟る時代は来るから。やっぱり、宗教による「現世利益」と「来世利益」、これをもっと強調せないかんわなあ。不成仏霊の山になるよ？　近所は。

幸福の科学が持つ「世界的ミッション」とは

松下幸之助　これはね、まあ、今、〝宗教競争〟もしてるとは思うんよ。ただねえ、高級霊が降りてくるところ……。まあ、ほかのところで、「松下幸之助が出てくる」とか語ってるところもあることはあるんだけど、私は行ってないからさ。私が行ったって指導できないから、そんなところ。降りてないので。

まあ、マスコミも潰れると思うけどさあ。君ら、何だ……、青森の……、何だっけ？

宇田　イタコですか？

松下幸之助　ああ、イタコ。君たちの霊言とかを〝イタコ芸〟とか言うとった週刊新潮？　絶対、コロナで潰すつもりだろう。コロナウィルスが、今、新潮社に向かってゾロゾロ移動してるし。

宇田　あっ、そうですか（笑）。

松下幸之助　文藝春秋（ぶんげいしゅんじゅう）に向かっても、コロナウィルスは、今、〝集結中〟だから。君たちの〝念力（ねんりき）〟はすごい。そちらに向かって追い立ててるからさあ。ああいうところは、やられるだろうと思うけどさ。

まあ、イタコさんに、私は降りないですよ。それは無理です。

宇田　はい。無理ですね。

松下幸之助　それは、ちゃんと経営的な話ができる人のところでないと降りられないので。

だから、幸福の科学はすごい「世界的ミッション」を、たぶん、これから持つと思うよ。

昨日、ローマ法王（の守護霊）が来て、負けを認めたのと違うんか、あれは。

宇田　残念ながらそうですね。

松下幸之助　「（大川隆法総裁に）次の法王をやってくれ」と言った。やる気はないだろうけど。

宇田　言いにくいのですけれども、白旗を揚(あ)げられたような感じです。

松下幸之助　やる気はないだろうけど。

要するに、治せないんでしょう？　祈りに力がないんでしょう？　それは、宗教者としては終わってるよ。だから、今の病院が終わってるのと一緒だよ。「治療方法はありません。入院してもらったら困ります。来ないでください、病院に」っていう。

次はスーパーも、〝スーパー崩壊(ほうかい)〟だろう？　「スーパーに来てもらったら困ります。感染するので来ないでください」。〝スーパー崩壊〟だよね。

だから、いやあ、宗教で物を売ったって、別に構へんのやで？　君ら、八百屋(やおや)をやったって構へんのよ、別に。それはねえ、田舎から直送してもらえば済むんだから、田舎の信者から。できないこともないから。

まあ、君は、そういう立場で、いろんなことを企画することは可能なんだよ。

宇田　はい。

松下幸之助　だから、戦時中や大恐慌の時代は、救世軍とかね、そういうようなところの炊き出しとか、そういうもので生きていったっていうか、命をつないだ人はいっぱいいいるからね。

だから、君らは、百万人、二百万人、三百万人と失業者が溢れて、ご飯が食べられなくなった人のために食事を提供できるようなところまで、「銀行機能」も同時に持ちつつ、「食料提供機能」まで持たなければいけなくなるから。

まあ、物をつくる、ご飯をつくれたりする人もいるからさあ。そういう人たちも、本来の坊さんではないとは思うけれども、君たちの外部の協力グループとして、少しは傘下に収めていく努力は要ると思うな。

7　厳しい時代を生き抜く知恵を語る

人類を維持するためには「無限の知恵」が必要

松下幸之助　いやあ、君らの政党が勝てないで苦しんでるけど、あっという間に天地が引っ繰り返る。

いや、政治は要らないんですけど。本当にそうなってるでしょう？

宇田　今の政治なら要らないですね（苦笑）。

松下幸之助　テレワークをする政治家は、もういいですよ。それから、変なことを宣言する政治家も、もう要らないので。「すみませんけど、辞めていただけますか」

っていう。それを流すメディアも要らないので。

だから、「困ってる人を助ける仕事」が必要なだけなんで。現実に助けられるのは、「どうしたら助けられるか」っていうことだから、臨機応変に動けるところが要るんで。焼け跡から、もう一回やるつもりで、やってくださいよ。

だから、私だったらね、私が都知事だったらね、（都庁の職員が）一万人、家でテレワークしてるかもしれないけど、もうちょっと削れるでしょう？　おそらく、留守番が一割もいりゃあいいぐらいで。あと、九割ぐらいは放出できるぐらいやから、そういう人たちにリヤカーを引かせますよ、私だったら。本当に、物を持って歩く。

それから、公園？　連休中はさあ、公園を閉めてる所とか、児童遊園とかは遊具が使えないように縄で縛ったりとかして、これはまったく正反対のことをしてますから。一生懸命、来させないようにするのを役所の仕事にしてるわけですから。これは、本当に〝発狂〟しますよ。

遊べる場所を増やさなきゃいけないんですよ、むしろ。連休中は、安全なネットを張って、例えば、企業の屋上で遊ばせるとかね、そういう場所を増やさなければ。それをするなら、それは都なり区なり市なりの仕事として、いいことですけれども。どこも「来るな、出るな、家のなかで籠もっていろ」っていうだけだと、それは無理ですよ。

宇田　無理ですね。

松下幸之助　ええ。だから、〝発想を逆〟にしないと駄目だと思いますよ。

それから、「コロナ離婚」も流行っとるって言ってるけど、夫婦のどっちかがうったら、離婚をすぐにしたくなる可能性はあるわな。

まあ、〝地方の逆襲〟がこれから始まるけど、もしかしたら、儲けようとしたら、「岩手県民になりたかったら、税金を払え！」とか言われる（笑）。

宇田　（笑）

松下幸之助　「東京都民よ、岩手県民になりたかったら、一千万円払え」とか言うことも、できないわけではないなあ。まあ、こんなことを言っちゃいけないけど。本当にやるかもしれないから、言ってはいけないかもしらんけど。

ただ、感染はね、私が思うに、一月ごろから流行り始めて、三月ごろはまだ油断してて、四月から急速に増え始めたんで。普通は、これは最低で二年、長ければ五年ぐらいは続くと思って、戦い続けながら、「どうやって人類を維持するか」っていうこと、これをやらないと。

いや、これのためにね、知恵が要りますよ。「無限の知恵」が必要なんで。今までの発想を変えないと、駄目になりますね。

まあ、神様がどこまでやるつもりかは、私にも分かりませんが。でも、確かに、八十億近い人口まで来て、ちょっと異常性はあることはあるからねえ。うーん……。

世界を元に戻すのに、二十年はかかるかもしれない

大川裕太　霊界にいらっしゃる松下幸之助先生のお知り合いのみなさまがたは、どのようなご意見をお持ちなのでしょうか。

松下幸之助　いやあ、今、いちおう待機してるよ。待機してるし。

おそらく、経済は早くて十年から二十年はかかって……。まあ、「戦後の復興期」と同じで、昭和二十年に戦争が終わって、三十年代後半ぐらいから調子が出て、四十年代ぐらいで高度成長がガーッといったから、二十年はかかってるね。

だから、このままでいくと、世界も元に戻すのに、二十年はかかるかもしれないぐらいの被害だと思います。

宇田　なるほど。そういう前提で、考え方を変えなければならないということですか。

松下幸之助　うん。要するに、コロナがほぼ収束してきたと見えてから二十年はかからないと、元に戻らないかもしれないんで。そうとう〝締まってくる〟ことになるから。これは……、もう一回、根本的に考え直さないと、無理は無理ですね。

まあ、恐るべきことは、宗教にとってもつらいことやけど、もう病院でも治せないし、感染者は増えるから、感染者を全部、本当にユダヤ人のゲットーみたいに囲い込む可能性があると思うんですよ。無人島みたいなところへ全部護送して、そこへ囲い込むようなことがありえると思うんで。ここで、どういう人権的判断をするかは難しいですね。

宇田　ええ。全体主義的な考え方をしているトップだと、何をするか分からないので、ちょっと怖いですよね。

松下幸之助 でも、実際、今、感染している……、まあ、一万三千人と言ってるけど、実際はもうちょっといると思うが、少なくとも三万人をね、例えば、どこでもいいが……、島の名前を出しちゃまずいかな。

まあ、とにかく、沖ノ鳥島あたりに巨大なコンクリートの島をつくって、全部そこに三万人を空中輸送して。ヘリコプターで、漁業の網でみんな載せていって、そのまま吊るして降ろしていくみたいな感じで。あとは自衛隊が外から一斉砲撃して、皆殺しにするみたいな。

まあ、SFみたいだけど、ないとは言えない未来ですよ。

税金の使い方を誤れば、ハイパーインフレが起きることも

松下幸之助 うーん。「できたら、それは救いたい」と言うなら、神の力が降りて

きて奇跡を起こしてくれるなら、それはありがたいことやから。

それで過去、日本はやってきたんだよ。疫病が流行ったときに、「伊勢神宮」を造営して護ったし、奈良の時代も大仏？「奈良の大仏」は国費の二倍もかけて建ててるけど、あれも疫病とかの対策なんですよ。手の打ちようがなかったからね、もう本当に。「疫病対策」で、みんなで建てたんで。

あれから考えると、国がデタラメに金を使いまくるのは、公明党あたりが言って、まあ、創価学会の考えだろうけど、「一人につき十万円を配れ」とかいう。その十万円は、安倍さんのところにも麻生さんのところにも行くんだろうよ。そんなもん、バカげたことをやるんだから。

宇田　ええ。外国人にも配るそうです。

松下幸之助　外国人も……（苦笑）。

まあ、そんなことをするぐらいだったら、幸福の科学に五兆円を預けたらええのになあ。五兆円ぐらい預けたら何をするか、考えてもろうたほうがよっぽどええわなあ。できることはものすごくあるやろうな。

だから、〝お金の使い方を知らん人〟に持たしても、もう駄目なんですよ。その人らに任すと、もう日本が本当に、第一次大戦後のドイツ並みのハイパーインフレーションを起こすことだって、ないとは言えないよ。

宇田　そうですね。

今、円がとりあえず「安全資産」ということで、まだ信用はあるんですけれども、この状態が続いて、国家の赤字がさらに増えれば、やはり、「リスク資産」に認定されると思います。

そうなると、円が売られるようになってきて、もう本当に、おっしゃるとおりの「ハイパーインフレ」になるのではないでしょうか。

宗教的には、「今、働く人は偉い」と言わなければいけない

松下幸之助　だから、今ね、店を開いてるところ、頑張って、まだハンバーガーを売ってるところ、喫茶店をやってるところ、頑張って、うどん屋をやってるところとか、まだあるとは思うんだけど、やっぱり、そういうところはほめてやらなきゃいけないんで。

行く場所をつくってあげてるんだから、人の。それは、ほめてあげなきゃいけない。リスクを背負いながらやってるのは、ほめてあげなきゃいけないんで。宗教的には、「今、働く人は偉い」と言わないと駄目。

宇田　なるほど。

松下幸之助　これ、去年まで安倍さんがやってきたことと〝正反対〟になって、

「休め、休め、働くな、消費だけしてろ」というあれだったが……。

宇田　ええ、「働き方改革」と言って、逆をやっていました。

松下幸之助　正反対で、生き残るのは内部留保のあるところだし。やっぱり、まず生産しなきゃいけないし、サービスを狭(せば)めるんじゃなくて、提供しなければいけないんですよ。

だから、食料だって、これ、詰(つ)まってきますよ、もうすぐ。

宇田　そうですね。

松下幸之助　たぶん逼迫(ひっぱく)する。

宇田　ええ。なくなってくると思います。

松下幸之助　「トイレットペーパーは二十センチ以上使うな」とかいう時代が来て……。

宇田　（笑）

松下幸之助　総裁なんかの子供時代にはたぶんあったと思うけど、新聞紙を切って、角紙（かくがみ）みたいに切ってね……。

宇田　ああ、昔はありましたね。

松下幸之助　いちばん上だけ上質紙を一枚か二枚乗せて、新聞紙でトイレをやってた時代がありますけど、いや、時代はそっちに向かっていくっていうことですよ。まあ、そこまで行かなかったら、「新聞紙を、もう一回、ドロドロに溶かしてやったような、いろんなものに溶かしてやった紫色の紙みたいなんでお尻を拭く」みたいな感じになるかもしれないですけど。戻りますから。逆に戻るので。そこから、もう一回逆算して、何が必要になるかを考えて、そこまで時代が戻らないところで、止める方法はないかどうかを、今、考える。

宇田　考えないと駄目ですね。

松下幸之助　少なくとも、「エネルギー」と「食料」のところは絶対必要だし、国の補助金が永遠に垂れ流しにならないように、「各企業で社員を養ってください」という方針でいかなければ駄目です。

疫病で信仰心が高まるのは、「本来の姿」に戻ろうとしているだけ

松下幸之助　「感染は受け入れましょう」と。あるいは、一定の比率、人が死ぬのはしかたがないです。一億二千数百万人いるんです。これが一億人まで減ったって、まあ、しかたがないんです。それは、でも、一億人生き残ったら構わないんです。それでも、また、子供が生まれますから、いいんです。

だから、あとは、もう宗教のほうで、救ってもらえる者は救ってもらったらいいけど、信じるのは。まあ、あなたがたの考えは、無神論・唯物論の人から死んでいくのが望ましいんでしょう？

宇田　あっ、いいえ、まあ、そこまではあれですけれども。

松下幸之助　いや、いや、私らもそう思ってますから。私もそう思ってるから。神

様・仏様を信じない人を護る必要はないから。無神論・唯物論を広めて、それでガチガチになってる人は、死んであの世で地獄に行く人たちですけど、早く死なせてあげたほうが、罪が浅くなって天上界に上がれる率が増えるので、早く罹ったほうがいいかもしれない。

でも、「天然痘」とか、「コレラ」とか、いろんなものが流行った時代は、同時に信仰心がすごく高まる時期であるので。別に悪用するわけでも利用するわけでもなくて、「本来の姿」に戻ろうとしてるだけのことなんで。

まあ、国民主権はあってもいいんだけれども、「国民主権は神様から委託されているもの」というふうに思うわけですよ。

だから、さっき言ったように、ローマ法王が神の声を聞けないし、首相も聞けないから、「国民の全員の意見がそれに近いだろう」と思ってるんだけど、唯物論・無神論が半分を超えたら、「神の声は、もう降りてこない」というか、「多数を占めない」ことになるんで、これは駄目ですよね。

だから、神様に主権を返さなきゃいけないんですよ。

歴史上、天皇に求められてきた「呪力」や「宗教性」

松下幸之助　だから、安倍首相に、「伊勢神宮にお参りに行け」って言う人もいることはいるんだけど、本来、でも、それではなくて、「天皇は何しとるんだ」っていうことですよね。

宇田　そうですね。

松下幸之助　本当に、日本国憲法は正しいのか、「お飾りでいろ」っていう。だから、「三月の飾り雛みたいに、お内裏さんみたいに座ってろ」って言ってるだけで、「何もするな」って言ってるんだけど、こういうときに、何か「呪力」を持っていない天皇っていうのは駄目なんですよ。歴史上、天皇家が存続した理由は、この「呪力」のもとだったからなんですよ。

宇田　そうですね。

松下幸之助　そこに「神の力」が降りてくるからなんですよ。

宇田　そうですね。疫病とか飢饉の流行ったときは、やっぱり、天皇が国民に対して発信されていました。

松下幸之助　そう、そう。令和の時代になって、こんなに悪くなってくるっていうのは、これは天皇家に責任が出るんですよ、必ず。これは、それに対する失望感が広がりますから、もうちょっと宗教性を高めないといけないんですよ。

宇田　はい。そうだと思います。

日本が「急速復興の模範例(もはん)」を示せたら、世界は助けられる

松下幸之助　だから、これ、「国を挙げてのお立て直し」になる可能性が高いと思います。

まあ、マスコミが、最初、ちょっと敵になると思うので。唯物論のマスコミになってるし、科学実証主義のマスコミなんで、これが敵になってると思うけど、マスコミは要(い)らなくなってくるから、おそらく。

コロナ報道ばっかり、もう聞きたくないですから、だんだん下火(したび)になって、今、昔のやつを再編集して流してる。

宇田　ええ、再放送しています。

松下幸之助　要するに、もう撮影もできなくなってきてるから。

宇田　あれだと、たぶん、広告が取れなくなりますからね。

松下幸之助　そう、そう、そう、そう。そうなってきているから。

まあ、悪口は言われるとは思うけど、最初はね。

でも、そういう、国民の半分以上が死んだときに、昔の宗教者によって伊勢神宮ができた。「国民の半分が死ぬ」っていうことは、今だったら、六千万人以上が死んだときに伊勢神宮ができた。

本当に、あの伊勢神宮の大きさから見たら、どうだろうねえ。まあ、東京の一つの区ぐらい潰して、大神宮を建てるぐらいの大きさじゃないでしょうか。たぶん、そのくらいのもんだと思うんですよねえ。その程度の「宗教的力」が必要だと思うので。いや、「君たちの仕事は無限」だと思います。

わしは、もう、あの世へ還ってしもうたから、こんな霊言ぐらいしかできることはないけれども、「エル・カンターレ」なる偉い方が〝生き仏〟で降りておられるんだから、降りておられるときは救済のときで、まだ人が救える段階だから、この間に、やっぱり、世界を助けてもらったらいいと思う。

日本が「急速復興の模範例」を示すことができたら、世界は助けられる。

宇田　ああ、なるほど。追随しますね。

松下幸之助　日本が立ち直ってアメリカが立ち直れば、あとはどうにかなる。

宇田　ええ。そうですね。

●**エル・カンターレ**　地球系霊団の至高神。地球神として地球の創世より人類を導いてきた存在であるとともに、宇宙の創世にもかかわるとされる。現代日本に大川隆法総裁として下生している。『太陽の法』『信仰の法』(共に幸福の科学出版刊)等参照。

アメリカは、ウィルスを発生させた中国・武漢を許さない

松下幸之助　中国については、私も戦後復興を助けたところではあるけど、やっぱり、無神論はいかんですわ。あれはあかん。やっぱり、習近平が辞めるか、それか、もう、あっちも神社仏閣を建てて祈り始めるか、どっちかしかないわなあ。でなければ、たぶん「戦争」だろう。

宇田　アメリカは考えていると思います。

松下幸之助　うーん、「戦争」すると思う。「中国の野望を挫く」と思う。もし、中国がつくっているウィルス……。だから、コウモリのウィルスなんか、そんなもん、自然発生しませんから、世界中になんか。もう、それは、それを増幅させようとした人が研究してたに決まってるからさあ。

宇田　そうですね。

松下幸之助　アメリカなら、それは、武漢に原爆を落とすでしょうよ。もう、丸ごと蒸発させないと許さないでしょう。

だって、生き残ったらいかんから、ウィルスが。「ウィルスごと、あの世に送ってやる」って、たぶん考えるでしょうよ。そのくらいやると思うし、そうしなければ、何か、「五百メートル四方、生き物が一切生きられない」っていう爆弾があるよなあ、放射能が出ない。

宇田　出ない爆弾があります。

松下幸之助　あんなやつを落とすでしょうねえ。あの研究所を中心と、あと、ついでに、どうせ反撃してくるから、核兵器があるところに、それをいっぱい、空中から撃ち落とすのをやるだろうから。

まあ、君らは何もできないかもしれないけど、それは向こうに任せとけばいいよ、するかしないかは。

これからの経済復興の担保は「神様の言葉」と「信仰心」

松下幸之助　ただ、「宗教的な仕事」を、今、強めなきゃいけないので、君たちは退いていてはいけないと思います。

だから、映画館も心配してるけど、潰れるからいっぱい。その潰れた映画館を、もう買い取ったらいいよ。

宇田　（苦笑）

松下幸之助　君ら、上映会、いっぱい必要でしょう?

宇田　要ります。

松下幸之助　だから、映画だけでなくて、大川総裁の講演も、やっぱり上映したほうがええよ。

宇田　ええ。聴(き)いていただきたいです。

松下幸之助　映画館あったほうがいいよ。大勢、来られるし。支部だけでは足りないよ。

宇田　足りないですね。

松下幸之助　だから、買ったほうがいいよ、買えるものはなあ。だから、資金が要るよ。資金を集める方法は、ちょっと考えたら……。（宇田に）君、考えられるなあ？

宇田　分かりました（笑）。

松下幸之助　ああ、考えられる。

宇田　はい。

松下幸之助　どうせさあ、〝紙くず〟になるんだからさあ、ほかのものは、もう。

宇田　そうですよね。

松下幸之助　だから、〝紙くず〟になる前に……。

宇田　価値があるものに換(か)えたほうがいいですよね。

松下幸之助　使えるものに使わないと、救えるようなものに使わないと。日銀券だって〝紙くず〟になるかもしれないし、国債(こくさい)も〝紙くず〟になるかもしれないし、もう信用ができるもんがないから。

宇田　ないですね。

松下幸之助　信用を……。要するに、何か「信用」が要るんだよ、経済には。価値を担保（たんぽ）するものが必ずないと、復興しないいんだよ。
だから、その担保は何かっていうと、「神様」、次は「神様」が担保なんだ。

大川裕太　そうですね。確かに。

松下幸之助　「神様の言葉」を担保にして、やるんだよ。「神を信仰（しんこう）する心」。この「信仰心」が担保なんだよ。「神を信じる心」を担保にして、経済復興をやらなければいけないいんだよ。
だから、今まで君らがやったことは、みんな正しいじゃないか。間違（まちが）ってないじゃない。でも、それを応援（おうえん）しないで邪魔（じゃま）してた。政府も役所もマスコミも、他の政党も、みんな邪魔してた。ねえ？

大川裕太　はい。

松下幸之助　だから、いやあ、最後の担保は「神」ですよ。「神の存在」ですよ。これが担保なんで。神様が救ってくださるんなら、人類だって創れるんだから、そんなもん、再生できるに決まってるじゃないですか。これが最後の〝最終担保〟なんで。「神様のお言葉」の方向に国を進めることですよ。

8　幸福実現党に〝異次元発想〟のアドバイス

「幸福実現党が通らなければ、この国は終わる」

松下幸之助　だから、幸福実現党は、次は勝たなければ駄目(だめ)ですよ。次、君たちが全敗するようなら、この国は終わる。これで終わるから、本当に終わるから。もう助けようがないわ。もう、アメリカも中国も助けてくれない、終わる。君たち、終わるから。

大川裕太　はい。頑張(がんば)らないといけません。

松下幸之助　幸福実現党が通らなければ、この国は終わる。

大川裕太　はい。

松下幸之助　いいねえ！

大川裕太　いやあ、厳しいお言葉ですが、松下幸之助先生には、もう、立党の初期のころからずっとご支援いただいておりますので。

松下幸之助　十一年、聞かなかったんだろう？

大川裕太　はい。

松下幸之助　で、「厄災」が国に臨んでるんだろ？　〝当たり前のこと〟が起きてるだけじゃないか。

大川裕太　はい。

松下幸之助　『旧約聖書』とか、『新約聖書』とかを書いたら、こんなふうになるよ、必ず。

大川裕太　そうですね。

松下幸之助　『聖書』を書いてごらんよ。

大川裕太　はい。

宇田　むしろ厄災を引き寄せていると。

松下幸之助　「神の言葉」を伝えて、「大救世主」が降臨して言っているのに、それを無視して、唯物論、科学、こういうものだけを言ってた人たちが牛耳って、迫害して国が潰れた。

『私の夢・日本の夢　21世紀の日本』で示されたビジョン

大川裕太　松下幸之助先生の生前のご著書に、『私の夢・日本の夢　21世紀の日本』（ＰＨＰ研究所刊）という本があり、未来の日本のあるべき姿について物語調で語られています。実は、この本は、東京都で頑張っている七海ひろこさんが非常にお好きな本ということで、私も薦められて読みました。

まず、「二十一世紀の日本は、宗教立国になっている。宗教を大事にする国になっているのだ」ということでした。そして、「大減税をやっている。国家の景気をよくするために減税をやったのだ」ということでした。

それを断行した宗教と政治を兼ね備えた首相の名前が、なんと「近藤」という名前で、それもちょっと面白かったんですけれども。すみません、それは余談です。

松下幸之助　どこの「近藤さん」ですか。

大川裕太　たぶん……。

宇田・小林　（笑）

大川裕太　（笑）あのー、いえ、そういう本がありまして……。

松下幸之助　ああ、ああ、そう、そう。

大川裕太　書かれたので覚えていらっしゃるかと思うんですが、やはり、「二十一世紀の日本に宗教国家をつくる」というのが、松下幸之助先生のビジョンであったのかなと思いますし、それを実現するのが幸福の科学ではないかなと思っているんですけれども。

松下幸之助　だから、税金がね、選挙で勝つために使われてるんですよ、今のは。そうでしょう?

宇田　そうですね。はい。

松下幸之助　だから、自民党大会には、ゼネコンの人がいっぱい集まって、「投票してくださいね」って〝依頼〟してるわけですよ、実際は。そして、事業を発注してるわけですよ、公共事業をいっぱい。ね？　だから、こんなねえ、国家的な〝買収〟をいっぱいやってて、選挙に勝ち続けるのに金を使ってるわけで、君たちのほうは〝罰金〟ばかりかけられてるわけですよ。没収、没収、没収。

絶対、神罰が当たらないとおかしいんですよ。絶対、おかしいんですよ。間違ってるんですよ。彼らは公然と、まあ、検察官も含めてね、公然と自分らを逮捕できない体制をつくっているわけで。自民党が、もう〝創価学会・公明党〟になっちゃったんだ、現実上。もう〝ご利益宗教の代わり〟みたいなのをつくっている。

「カジノではなく、エル・カンターレ大聖堂を建てなさい」

松下幸之助　でも、税金がゼロになるわけではない。ゼロでなくて、先ほど言った、伊勢神宮や奈良の大仏をつくった時代があるんで。鎌倉だって、大仏が建ってますけど。

宇田　建っていますからね。

松下幸之助　それはねえ、「神様のためならお金を差し出します」っていうことですよ。神ならぬ人間がね、上位階級をつくって、「働かんでも金が集まってくる」みたいな制度をつくると、〝革命〟がいずれ起きるんですよ。

だから、「神様のためのお金は使いたい。神様が、『そうしたほうがいい。望ましい』と思われてる方向に金を使ってくれるのはいい。ただ、『安倍さんがカジノをつくるために金を集め、税金を取る』っていうのは反対です」と。まあ、そういうことだよな、はっきり分ければね。

宇田　そういうことですね、はい。

松下幸之助　「カジノをつくらないで、ちゃんと、幸福の科学のエル・カンターレ大聖堂を建てなさいよ」と。「カジノ 対 エル・カンターレ大聖堂」のどっちがありがたいかが分からなかったら、その国民は間違った国民だから、滅ぼされてもしかたがないんですよ。原爆に代わるものが、次、起きるんですよ。

「大震災」が起きました、東日本で。神戸でも起きた。東日本でも大震災が起きた。そして、次は、「コロナ」でいっぱい人が死ぬようになってきて、貿易立国の日本は潰れようとしています。ここで心を入れ替えないと駄目なんですよ。

だから、まあ、アメリカもいいこともしてるけれども、悪いこともしたので、それも反省はしてもらいたいなあと思ってるが、今、「天照大神様までお生まれになっとる」というなら、そらあ、伊勢神宮が、伊勢でなくて、〝東京大神宮〟が要るでしょう、おそらくねえ。そらあ、ものすごい巨大な公共事業が必要ですが、これで景気が回復するだろう。

宇田　ああ、なるほど。

大川裕太　おお……。

今、求められるのは「いい政治家」と「未来が見える経営者」

松下幸之助　だから、ピラミッドと同じ。「ケインズ経済学」に似てるかもしらんけども、「ケインズ経済学」には神はいないので、ええ。

宇田　そうですね。

松下幸之助　こちらは「神のいる経済学」だから。

そう、やっぱり日本の中心。まあ、皇居が江戸城のあとに入ってやってるけど、〝徳川の呪い〟があってねえ、全然、神通力が発揮できないね。男の子はなかなか生まれんしねえ、本当に終わっちゃうかもしれないな。呪いだよ。呪いでねえ、男の子はみんな死ぬんだよ。だから、ほとんど女の子しか生まれない。〝徳川の呪い〟のところにいるから、全然ご利益がないんだ、あれ。

大川裕太　そうですね。改めて、〝東京大神宮〟、「エル・カンターレ大聖堂」を建てていくということで。

松下幸之助　そう。それで国は復興できるよ、たぶんね。
そもそも、昔みたいにね、それは、明治神宮をつくったときだって、全国から木材を切って、京都の杉(すぎ)や秋田の杉や知らんけれども。それから、石ころからいっぱい持ってきてつくったんだからさあ。
だから、国を挙げての大事業を一つはやることと、各人の企業(きぎょう)とかが生き延びていける道を選ぶこと。

感染して死ぬ人は出るかもしらんけど、〝特攻隊精神〟を持てと。うん。働いて、国が潰れず、多くの国民が生き残るために〝特攻隊〟になるのは構わないと。先の（大戦の）兵隊さんは、みなそう思っとったと思うよ。「残された国がありゃあ、ええ」と思ったと思うんだ。

だから、日本という国を護りなさいよ。護らなきゃ駄目だよ。この資源のない国に一億人以上の人が住んでいるんだよ。この国を護るのは大変なことだよ。だから、君たち、頑張って、それをやらなきゃいけないよ。うん。

大川裕太　はい。

宇田　ありがとうございます。

松下幸之助　「いい政治家」が欲しいなあ。

宇田　はい。

松下幸之助　それから、経営者が欲しいなあ。「未来が見える経営者」が欲しいな。

宇田　はい。

銀行が融資をして、企業を潰さずに続けさせることが大事

松下幸之助　それから、「神様の声が聞こえている」っていうのは何よりのことで、これは、バチカン以上のものだよな? やっぱり、「神様の声」を全世界にも伝えなくちゃいけない。これは大事なことだ。

私の考えを伝えたらねえ、例えばよ、今の先進国、これからすっごい恐慌に入るけど、やっぱり、多少は方向が変わると思う。

宇田　はい。

松下幸之助　トランプさんとかは、共和党なのに、民主党がやっとるような自由化デモみたいなのを応援したりして、狂ったように見えてるんだと思う。マスコミから見りゃ狂ってるわね、完全にね。「なぜ、民主党がやっているような『自由にやらせろ』みたいなのを応援するんだ?」って。

彼は知ってるんだよ。「国が死滅したら、そんなもう、政権なんかあるか」と思ってる。ねえ?

彼は「人が死んだあと」まで考えてると思うよ。全部は死なないだろうと思ってるからさあ。どこかでは止まる。どこかでは止まるから。そのときに経済インフラがなかったら、もう終わりだと思ってるから。それは企業を続けることなんだよ。企業は「ゴーイングコンサーン」、「続けること」が大事なんだ。

だから、「潰(つぶ)さないでください」と。「もう一回つくるのはすごく大変だから、潰れないで済むなら潰さないでください」と。

今なら、会社が走っているときに、銀行が融資(ゆうし)をすれば、まだ潰れないでもつものが、放置すれば、銀行も潰れ、会社も潰れ、ゼロになるんですよ。ここの決断を間違えたら、終わりです。

小林　なるほど。

松下幸之助　ただ、今、為政者(いせいしゃ)で、それを分かる人がいるとは思えないんですよ。

小林　分かっていませんね。

宇田　そうですね。

松下幸之助　全部潰すよ？

宇田・小林　はい。

松下幸之助　企業を潰し、銀行も潰すよ？　これはやらなきゃ駄目です。今なら融資してもまだ間に合う。まだ日銀も潰れていない。今なら助けられる。だけど、全部が〝廃墟〟になるよ？　下手をしたら。

松下幸之助　もう、病院中心に考えるのはやめたほうがいい。感染を恐れすぎず、「インフラを八割残す国家構想」を持つべき

宇田　はい。

松下幸之助　死ぬ人は死ぬ。だけど、ほかのところの〝生きている部分〟も、何とかして生かそうとしないと駄目ですよ。

手が腐ったり、あるいは銃弾を受けて、もう駄目なら、腕だって斬り落とすでしょう？　命を助けるためにはね。その大手術の感じは必要なので。

だから、結局、「ほかの基幹産業やインフラ、人間が、日本人が生きていくための、その基礎的な部分を残せるんだったら、あえて、切り捨てるものは切り捨てなきゃ駄目だ」と私は思います。それを止めたら、もう駄目ですよ。

宇田　はい。

松下幸之助　次、車も止めたらねえ、もう宅配もなくなるよ？　今はそれに頼ってると思うけど。次は、来るよ。

小林　そうですね。そうだと思います。

大川裕太　トヨタも潰れていくという可能性が……。

松下幸之助　いや、あのトヨタが銀行の融資枠（わく）をもらうとかいうのは、信じられないですよねえ。

大川裕太　はい。

宇田　そうですね、ええ。

松下幸之助　伊勢丹（いせたん）ももらうというんでしょう？　融資枠。

小林　そうですね。

松下幸之助　でも、伊勢丹は営業を再開しないかぎり、融資をもらっても、もう潰れますよ？

小林　そうですね。もう無理です。

松下幸之助　潰れますよ、これ。ええ。

だから、「伊勢丹に行って感染（かんせん）した」と言われても、やっぱり、「そういう方もいるでしょうね。でも、伊勢丹で感染するような人は、高島屋（たかしまや）へ行っても感染するでしょう」と言えなければ、社長じゃないですよ。

宇田　ええ。

松下幸之助　そうなんですよ。どこへ行ったって、感染する人はするんで。だから、そういう免疫力の弱い人？　あるいは体が弱っている人？　それから、高齢者も、まあ、そうかもしらんけれども、それは死ぬかもしれない。でも、それを受け入れなければいけないと思いますよ。

宇田　はい。

松下幸之助　その代わり、早く死ねばねえ、また生まれ変わって、赤ちゃんで生まれ変わればまた、数年で生まれ変われる可能性があるから、もう病気が収まったら生まれ変わったらいいのよ。そうしたら、もう一回、日本人をやれるから。

だから、もう一回若返ってやったらいいんで、死ぬことを恐れることはない。転生輪廻を君らが教えてくれているので、よくなってから、生まれ変わったらいいんだよ。

宇田　はい。

松下幸之助　だから、基本的なインフラにダメージはそうとう出るけどね、「八割ぐらいは残すつもりで国家構想を持たないと、駄目だ」ということですね。二割ぐらいは潰れる。しかたない。

小林　分かりました。

松下幸之助　でも、「八割残すにはどうしたらいいか」、これを中心に考えろ。

八割を生かすにはどうしたらいいか。新幹線を止めていいのか？　ねえ？　それから、交通網を止めていいのか？　それから、サービス業、飲食業、貿易等、航空機、いろんなものを止めて、本当にいいのか？　やっぱり、考えなきゃいけないよ。

宇田　そうですね。分かりました。

松下幸之助　すまんけど、最後はねえ……。だから、「JALもANAも飛ばない」って言うなら、内部で感染者が出て、ゴホゴホのこんなひどい状態になって、これを、「病院施設がないため、この患者はどうすることもできません」と言うなら、「すみません。脱出口から海にパラシュートを着けて降りてください。運がよければ、航空自衛隊が消防隊と一緒になって救いに来てくれるかもしれませんが、なかの人を皆殺しにするわけにはいかないので、すみませんけど、これで。これが脱出の装置です。ここを引けばパラシュートが開(ひら)きますから、どうぞ」と言って、ＣＡさん、スチュワーデスさんが、後ろから足で蹴(け)っ飛ばして放り出すぐらいやらないと、八割は生き残れないですよ、最後は。

宇田　はい。

松下幸之助　うん。だから、感染者が出ることを恐れたら何にもできないよ。列車だって走れなくなるから、もうすぐ。〝箱〟だから。「人が密集したら全部駄目だ」って言うのなら、経済は崩壊(ほうかい)するんですよ。

小林　そうですね、成り立たないです。

松下幸之助　これ、「原始経済」しかないんですよ、もう残りは。原始経済でも、やっぱり市場ぐらいはできたかもしれないからね。
だから、やっぱり頑張って戦わなきゃ。

小林　はい。

松下幸之助　感染すること、死ぬことを、もう、ある程度受け入れた上で……。
全員じゃない、たぶん。●八千万人と言う人もいるけれども、できたら一億人は生き残りたい。一億人は生き残り、できたら、もし何百万人で済んだら、ありがたい。だから、先の大戦で死んだのが三百万人。もし、三百万人以内で収まったら、「ありがたい！」と思って。まだ一億二千万人、残っています。

今、日本を護るための〝特攻隊精神〟とは

松下幸之助　まあ、大川隆法先生も、還暦を超えられたから許してくれると思うか

●八千万人と……　『釈尊の未来予言』第２章「ジョン・レノンの霊言」（幸福の科学出版刊）参照。

ら、松下幸之助の意見で言わしてもらいますが。

申し訳ないけれども、普通の企業の退職年齢を超えた方は、〝特攻隊〟だと思って、「死んでもしょうがない」と思ってくださいよ。だから、六十歳以上の人は、あえて、そうした危険な仕事？　「感染するかもしれない」という危険なところの陣頭に立ってくださいよ。死ぬことを覚悟してくださいよ。

そんな、八十歳、九十歳になって、病院で、もうチューブをいっぱい差し込まれて、十年生き延びるようなことに税金を注ぎ込むような未来？　たぶん嫌いだろうと思うんですよ、みなさん。退職年齢の方、嫌だろうと思うんですよ、二十年後の自分のそういう姿は。

宇田　そうですね。

松下幸之助　だったら、六十代で死んでもいいから、今は陣頭に出て、いちばん危険なところに老人は出てきなさい。働ける老人、出てきなさいよ。そして、死んだら、〝国葬(こくそう)〟ですよ、本当にもう。ありがたい犠牲(ぎせい)ですよ。だから、若い人をなるべく生かしてやったらいいよ。

宇田　はい。

松下幸之助　できるでしょう？　まだ。

だから、今、企業は六十歳から六十五歳の間で、まだ〝綱引(つなひ)き〟してるけど、実際上、七十五歳ぐらいまでは「健康年齢」としてあるので。

宇田　ええ。働けますよ。その年代人口がけっこう多いんですよね。

松下幸之助　ここが、今、問題なんでしょ？

宇田　そうです。多いです。

松下幸之助　これが三分の一になろうとしているんでしょう？

宇田　はい。まだ元気なんですけれども。

松下幸之助　だから、そこを本当は減らしたいんだよ、国的に言えばな。

宇田　確かに（苦笑）。

松下幸之助　だから、そういう人たち、安倍さんとかは、いても、マスクをかけてやっても、もう仕事にはならないから、スーパーで食料を売る係をやったらええねん。ねえ？　もう要らないから。

宇田　ええ。

松下幸之助　だから、そういうふうに……。あのねえ、〝年寄りの活用法〟ですよ。「もう次は〝特攻隊〟として護ってください。感染してもいいところ、前線に出てください」とお願いしたらいいよ。

でも、これは、日の丸の鉢巻きしてやる人は出てくると思うよ、うん。それは、やっぱり「使命」だと思うよ。

でも、次、まあ、生まれ変わったらいいのよ。うん。五年後にね？　そうしたら、また「新しい日本」ができてるわ。「信仰心のある日本」ができてるわ。

だから、まあ、気の毒やけど、君らは、もうそろそろ、その対象年齢に入りかかっているから、もし招集がかかったら、しかたがないから、感染の危険地帯に陣頭指揮を執(と)りにお行きになったらいいよ。

宇田　そうですね、はい。

松下幸之助　君ら、先、まだやるべきことをやっていないという人は、多少、後方部隊でも許してあげてもいいとは思うけどさ。

まあ、老人、頑張れよ。

宇田　はい。

松下幸之助　それがいいよ。今は、なんか、タコ足配線のチューブみたいなのを差し込まれて、そんな、百歳まで生きたって、何にも……。嫌われるだけ。嫌われるだけで。若い人は、もう税金が嫌だし、子供ももう減ってきているし。

まあ、これは「構造改革」だと思うなあ。

宇田　分かりました。

松下幸之助　ま、年寄りがもう、変わったことを言いまくったなあ。

宇田　いいえ、ありがとうございます！

大川裕太　ありがとうございます。

松下幸之助　ほか、なんかあるか？

ここまで目茶苦茶（めちゃくちゃ）言うたら、まあ……。

でも、死んだ人は、やっぱり便利やなあ。殺せんもんなあ。刑務所（けいむしょ）にも入れられんしなあ。

宇田　（笑）

小林　いや、ありがとうございました。

松下幸之助　八割、生かすことを考えなきゃ。二割、死ぬのは放っとけ。もうしょうがない。

大川裕太　はい。

小林　ええ。それで見えましたので。

松下幸之助　しょうがない。もうそんなもんだよ。そのくらいで、まあ、見切れよ。できたら、先の太平洋戦争の、三百万人以内で止めようとしたほうがいいけど。ただ、病気の人をどうこうするよりは、まだ働ける人を生かすことを考えたほうがいいとは思うよ。

宇田　はい。

松下幸之助　いろんなものを止めるなよ。家建てるのを止めたり、マンション建てるのを止めたり、工場を止めたり、船つくるのを止めたりするのはよくないよ。

宇田　はい。

日本は「エネルギーと食料の自給率」を上げるべき

松下幸之助　それから、原子力（発電）は全開したほうがいいよ。

小林　そうですね。

松下幸之助　「即（そく）全開」ですよ！

小林　ええ。「即全開」ですね、はい。

松下幸之助　もう全開で。エネルギーの半分以上は供給できると思う。でも、今、半分ぐらいで済むぐらいまで、これから、たぶん経済はスローダウンすると思うんで。

宇田　はい。

松下幸之助　とにかく、原子力を全部、全開にすれば、とりあえずエネルギーはしばらくもつから。その間に、ほかのところを修復していったほうがいいと思うねえ、うん。

それから、「食料」の問題ね。ちょっと、これは「外国から入ってこない場合」を想定して考えないといけない。

宇田　そうですね。それは政党（幸福実現党）のほうからも発信します。

松下幸之助　うん、うん。「食料増産」？　これは必要ですよ。

自給率は四割を切ってるんだろう？

大川裕太　そうですね。三十七パーセントです。

松下幸之助　これじゃもたないよ。人口が半分以下になっちゃうよ、このままだと。

大川裕太　はい。

松下幸之助　これは駄目だよ。食料自給率を、やっぱり六割、七割に上げなきゃ、早く。

大川裕太　はい。野菜も、かなりの量を中国から輸入しています。

松下幸之助　あっ、それはもう駄目だわ。それは、もう全部〝感染〟してるから。

大川裕太　はい（苦笑）。

唯物論では、人間は〝物〟として扱われる

松下幸之助　中国人って、もうすっごい感染……。いや、あの数字は、絶対に「嘘」だよ。死体の数はもっと多いはずだけど、全部、〝消してる〟と思うんだよ。焼き場がやたら増えてるという噂だから。あんなの、報告しなきゃ終わりだよ。

外国のマスコミは、全部、北京市内に足止めをされて武漢に入れない。ほかの所も取材できない。だから、どう殺されていても分からない状況で……。

宇田　そうですね。情報統制をされていますので。

松下幸之助　結果は、ナチス以上かもしれないからね。

あそこの国では、たぶんねえ、習近平は核戦争も怖くないんだと思うよ。どうせ、一億人ぐらい死んだところで、何とも思っていないと思う。人数が多すぎて間引きたいぐらいだからな。だから、死体の三十万や五十万、そんなの何とも思ってない。でも、日本でも、もう葬式ができないんだろう？　葬式をやると人が集まり、困るから。

宇田　はい、できないです。

松下幸之助　病院に入院して死んだら、お骨になって帰ってくる。

宇田　お骨になって帰ってくるだけです。

松下幸之助　それはひどいわ。もう「中国化」しつつあるよなあ。中国はもうすでに、とっくにやっているんだよ、そんなの。

分からないじゃない。骨になったら、誰(だれ)やら分からない。それを全部まとめて、穴を掘(ほ)って埋(う)めたら、それで終わりだよ。唯物論(ゆいぶつろん)では人間は〝物〟なんだから、弔(とむら)う必要なんかないんだ。な？　道教(どうきょう)の深い信者だけが、ちょっとしたいだろうけど。

だから、非常に〝便利〟だよ、あっちはな。

でも、人口が減っても構わないところは、まあ、いいよ。「（日本の人口が）八千万人になる」っちゅう人もいるけど、君たち、何とか頑張って（死者数を）三百万人ぐらいまでで止め、あとのところを残さないと。

だから、国民全部が飢(う)え死にしたら、すごいことになるよ、これ。大変なことになるから。

宇田　分かりました。

「生活をとにかく維持(いじ)できる方法」を考えよ

松下幸之助　何とか、潰れる前に会社をもたせる努力をしたほうがいいし、会社で責任を取れ。国はもう責任を取れないから、お願いを聞くだけで。「こうしろ」「ああしろ」という命令は、もうあまり出さないほうがいいし、マスクなんかじゃ、もう、たぶん護れない。そんなもんじゃ、蔓延(まんえん)してるウィルスからは。だから、もう駄目だ。

家庭に閉(と)じ込めても、家庭でも死ぬよ。家族がクラスターを起こしてね。

宇田　そうですね。

松下幸之助　だから、もう護れないよ、全然護れない。ああ。

だから、「生活をとにかく維持(いじ)できる方法」を考えたらいいと思う。

宇田　分かりました。

松下幸之助　パパが会社へ行って、そして、うつって死んだら、それは「戦場に行って死んだ」と思ったらええよ。「どうせうつって死ぬなら、会社で死んでください」って（笑）。

宇田　（苦笑）

松下幸之助　「会社の人に後始末（あとしまつ）をしてもらってください」って（笑）。家でできないから、もう。そういう感じかな。

宇田　分かりました。

9　経営の神様から幸福の科学へのエール

「大川隆法 作詞・作曲」の楽曲に込められた力

松下幸之助　ただ、「幸福の科学の信者が増えている」っていうのは、いいニュースだ。ああ。

君ら、資金力をつけて、あとは信者の行動力もつけて……。

君らの本とか、それから、ＣＤとか、ＤＶＤとか、映画とか、いっぱいあるんだろう？

宇田　はい。

松下幸之助　そういうものを多くの人に観てもらいなさい。そうしたら、たぶん……。これは、コロナウィルスが嫌ってることは、私も知っているから。見ていて、そうらしいから。●大川咲也加さんの歌声か何かをかけてたら、コロナウィルスが逃げ出していっているのも知ってるし。

ほかの人のでも、やっぱり、もとの作詞・作曲が大川隆法さんだから……。

宇田　はい、はい。

松下幸之助　天上界のが入ってるから、（コロナウィルスが）みんな嫌がって逃げ出していくらしいので。

だから、もっとこれ、本当に、商売でなくて、広げなきゃいけない。

宇田　広げます。

●**大川咲也加さんの歌声**……　映画楽曲「HIKARI」の作曲・歌唱を手がけて以降、幸福の科学の映画の主題歌等の歌唱を担当し、CDやDVDをリリースしている。また、大川隆法作詞・作曲の楽曲集として、「RYUHO OKAWA ALL TIME BEST Ⅰ～Ⅲ」（幸福の科学出版刊）がリリースされている。

今こそ、「幸福の科学の映画」を映画館やテレビでかけるべき

松下幸之助　映画館は閉鎖とか言うけど、次に来るのは倒産なんだから、「倒産するよりは、やっぱり、〝ザ・リアル・エクソシスト〟（映画「心霊喫茶『エクストラ』の秘密―The Real Exorcist―」）一つだけでもおかけになったら、どうですか」って。

宇田　はい。そうですね。

松下幸之助　「倒産するよりはいいと思いますけど。うちの映画を観る人は感染なんか恐れてないから、大丈夫ですよ」って、やっぱり、いちおうは言ったほうがいいんじゃないか。私なら交渉するな。

映画「心霊喫茶『エクストラ』の秘密―The Real Exorcist―」
製作総指揮・原作 大川隆法、脚本 大川咲也加、2020年５月公開予定。ヒューストン国際映画祭で「ゴールド賞」、モナコ国際映画祭・エコ国際映画祭で「最優秀作品賞」等、４カ国で12の賞を受賞（2020年５月６日時点）。

君たちは本部から、「そういうことは言わないでください」って通知を出しているって。君が出しとるのか？

宇田　いや、出していません（苦笑）。

松下幸之助　それは商売下手（べた）やぞ。

宇田　いえ（苦笑）。

松下幸之助　今こそ、かけるべきときやないか。

宇田　はい。

松下幸之助　ほかの〝人殺しの映画〟なんかかけたって、しょうがないやん。

宇田　そうですね。

松下幸之助　なあ？　どうせ死ぬのに、そんなもんを観たってしょうがない。エンタメにならないよ、そんなの。ジョークにもならん。

今こそ、全館、〝ザ・リアル・エクソシスト〟だ。ねえ？

宇田　はい。

松下幸之助　千眼美子（せんげんよしこ）さんは日本のスーパーマンだあ！　ねえ？　みんなに知ってもらったらええよ。

宇田　そうですね。はい。

松下幸之助　で、古い幸福の科学の映画をテレビにかけてもらったらええねん。今こそ、これをかける。かけるものがないんだろう？　「これをかけたら治るかも」って。それはお勧めしたほうがええよ。

宇田　分かりました。

松下幸之助　私は勧めるねえ。ほかには方法がないから。バチカンに行っても治らないのは分かったから。もう、治してくれるところはないよ。

宇田　ないですね。

「幸福の科学の力を大きくすれば、日本はそれだけ明るくなる」

松下幸之助　ちょっと頭を働かせろよ。なあ、君。もっと偉大にならなくちゃあ駄目よ。

宇田　分かりました。

松下幸之助　麻生さんよりは賢い自覚があるだろうが。

宇田　（苦笑）

松下幸之助　なあ？　ちょっと頑張れよ。

宇田　はい。ありがとうございます。

松下幸之助　副総理ぐらいの気分で、やっぱり、やらなあかんね。なあ？

宇田　ありがとうございます。分かりました。

松下幸之助　もっと幸福の科学の力を大きくしてくれ。そうしたら、日本はそれだけ明るくなるわな。

宇田　はい。

「自分と家族のリスクは自分で背負う」覚悟を

松下幸之助　あと、パナソニックもなあ、世の中を明るくするものをつくっとるでな。できたら、早めに融資（ゆうし）とか、お願いしといてくれたら。

宇田　（苦笑）規模が大きいですけど。

松下幸之助　いや、幸福実現党の応援（おうえん）をするように言うとくから。

宇田　あっ、ありがとうございます。

大川裕太　今、もう引退されていますけれども、（ＰＨＰ総合研究所の元社長の）江口克彦（えぐちかつひこ）先生が七海（ななみ）ひろこ広報本部長と対談をしてくださいました。

松下幸之助　いやあ！　江口さんは入らないといかんでしょう。パナソニックは護（まも）ってもらわないといかんで、幸福実現党に。ほかのところは護ってくれませんよ、こんなの。いやあねえ、護ってもらいなさいよ。幸福実現党しか護ってくれませんよ。

「トヨタが潰れるかもしらん」ったら、どの企業が生き残れるんですか。ＪＲだって潰せますよ、今のままだったら。これ、潰れるよ。

小林　潰れます。

松下幸之助　でしょう?

小林　ええ。

松下幸之助　連休の一日目の報告を聞いただけで、これが潰れるのは、もう目に見えてる。こんなもんねえ、日銀で助けられないですよ。

宇田　助けられないですねえ。

松下幸之助　だって、人が乗っていない交通機関なんか、どうやって助けるんですか。無理ですよ、これ。

だから、もう、「余計なことを言うな」って。「里帰りをしないでください」とか、余計なことを言うなよ。「リスクは自分で背負え」っていうことで。自分とその家族でしょう?

小林　ええ。

松下幸之助　これ、背負いなさいよ。そりゃそうですよ。トヨタが潰れるなら、もう、助かる企業はないですよ。だから、もう黙（だま）ってなさいって、分からん人は。もう黙らすしかないですよ。

「今が頑張りどき」「発想を大きくしなければいけない」

松下幸之助　頑張りなさい。「今が頑張りどき」だよ。

大川裕太　はい。

松下幸之助　君たちは護られているから大丈夫ですよ。〝戦死者〟はたまに出るだろうけど、それは信仰が足りんのよ。しかたない。

だけど、「新しい信仰者」が出てくるから。これから、眠ってる人は出てくるし、ほかの宗教の人がいっぱい来るから。

創価学会だって、もう、総崩れになって、こっちに来るよ、もうすぐ。池田さんは治らんで、もうすぐ……だからね。

創価学会の人だっていっぱいいるけれども、一生懸命な活動家が多いからねえ。中身が変わったって、あそこはできるんだから。

「幸福の科学のチラシ、布教誌、こんなもんでいいんですか」って言うと思うよ。「こんなもんでいいんですか。この十倍以上、撒かないといけないでしょう」って、彼らはそう考えると思うよ。

宇田　（笑）はい。

松下幸之助　「印刷所ぐらい持たなくちゃあ、駄目じゃないですか」って、たぶん言うと思うよ。

だからねえ、君らは発想を、ちょっと大きくしなきゃいけないかもしれないねえ。

宇田　分かりました。

松下幸之助　頑張りたまえ。

宇田　はい。ありがとうございました。

大川裕太　頑張ります。

松下幸之助　勝負だよ。

大川裕太　はい。

宇田　はい。勝負をかけます。

松下幸之助　うん、うん。じゃあ（四回、手を叩く）。

宇田　本当にありがとうございました。

大川裕太　貴重なお話を、本当にありがとうございました。

10 億単位の価値がある「松下幸之助の霊言」

大川隆法　ありがたい話だと思います。もう値段を付けられない。〝国営放送〟でかけたいぐらいですね。もう、することがないのでしょう？　かけるものがない。感染のニュースばかりをかけているのでしょう。「松下幸之助の『大恐慌時代を生き抜く知恵』」を二時間ぶっ通しでかけたら、それは、効果があるでしょうね。

でも、タダでは貸しません（笑）（会場笑）。もったいないから。タダでは無理ですね。億の単位をかけてくれないと、貸すことはできないかもしれないですね。

ありがとうございました。「経営者の霊言」を久しぶりにやったのですが、こういう考えもありますね。でも、松下さんは危機を生きてきた方ですから、いいこともあるでしょう。

宇田　そうですね。

大川隆法　このくらい言わないと、首相や都知事などの〝頭は割れない〟んじゃないですか。

小林　そうですね。割れません。

大川隆法　このくらい言ってくれたら楽ですね。こんなものをバックボーンにして、政治活動をやったらいいのではないでしょうか。

大川裕太　ありがとうございます。

大川隆法　うん。ありがとうございました。

まだまだ、助けてくれる人はいると思うので。

宇田　はい。ありがとうございました。

小林　ありがとうございます。

大川隆法　はい（会場拍手）。

あとがき

「雨の日には雨傘を持ち、晴れの日には、日傘を持つように」と憲法や法律に書いてなくても、国民は各自で判断する。なかには、カッパや帽子ですませたり、雨やどりする人も出るだろう。国民各自の知恵を信じたらよい。

私なら、「アベノマスク」より、『大恐慌時代を生き抜く知恵――松下幸之助の霊言――』を国民に配りたい。

今なら、統治者の判断一つで「大恐慌」を呼び込むことも、それを避けることもできるのである。

営業を再開し、つぶれる前に、一生懸命働く自由を求めることだ。つぶれてから政府や地方自治体が再建を手伝ってくれると思うな。また感染症の未知の恐怖の中、世の中のお役に立ちたいと、勇気をふり絞っている人たちを責めてはならない。働かざる者食うべからずだ。閉館を続ける映画館や店をしめた百貨店がつぶれても誰も同情はしてくれないのだ。自分たちの仕事は守り抜け。

二〇二〇年　五月三日

幸福の科学グループ創始者兼総裁　大川隆法

『大恐慌時代を生き抜く知恵』関連書籍

『太陽の法』（大川隆法 著　幸福の科学出版刊）
『永遠の法』（同右）
『信仰の法』（同右）
『「経営成功学の原点」としての松下幸之助の発想』（同右）
『イエス・キリストはコロナ・パンデミックをこう考える』（同右）
『ローマ教皇フランシスコ守護霊の霊言』（同右）
『釈尊の未来予言』（同右）
『松下幸之助 日本を叱る』（同右）
『松下幸之助「事業成功の秘訣」を語る』（同右）

大恐慌時代を生き抜く知恵

――松下幸之助の霊言――

2020年5月8日　初版第1刷

著　者　　大川隆法

発行所　　幸福の科学出版株式会社

〒107-0052 東京都港区赤坂2丁目10番8号
TEL(03)5573-7700
https://www.irhpress.co.jp/

印刷・製本　株式会社 研文社

落丁・乱丁本はおとりかえいたします

ISBN978-4-8233-0178-0 C0030

大川隆法ベストセラーズ・松下幸之助の智慧に学ぶ

「経営成功学の原点」としての松下幸之助の発想

「商売」とは真剣勝負の連続である！「ダム経営」「事業部制」「無借金経営」等、経営の神様・松下幸之助の経営哲学の要諦を説き明かす。

1,500円

松下幸之助「事業成功の秘訣」を語る

デフレ不況に打ち克つ組織、「ネット社会における経営」の落とし穴など、景気や環境に左右されない事業成功の法則を「経営の神様」が伝授！

1,400円

松下幸之助 日本を叱る

天上界からの緊急メッセージ

天上界の松下幸之助が語る「日本再生の秘策」。国難によって沈みゆく現代日本を、政治、経済、経営面から救う待望の書。

1,300円

松下幸之助の未来経済リーディング

消費税増税と日本経済

消費税をアップしても税収は上がらない——。経営の神様・松下幸之助が、天上界から、かつてない日本経済の危機を警告する。

1,400円

※表示価格は本体価格（税別）です。

大川隆法ベストセラーズ・経済危機を突破するヒント

P．F．ドラッカー「未来社会の指針を語る」

時代が要請する「危機のリーダー」とは？ 世界恐慌も経験した「マネジメントの父」ドラッカーが語る、「日本再浮上への提言」と「世界を救う処方箋」。

1,500円

ドラッカー霊言による「国家と経営」

日本再浮上への提言

「経営学の父」ドラッカーが示す、日本と世界の危機に対する処方箋。企業の使命から国家のマネジメントまで、縦横無尽に答える。

1,400円

稲盛和夫守護霊が語る 仏法と経営の厳しさについて

実戦で鍛えられた経営哲学と、信仰で培われた仏教精神。日本再建のカギとは何か──。今、大物実業家が、日本企業の未来にアドバイス！

1,400円

危機突破の社長学

一倉定の「厳しさの経営学」入門

経営の成功とは、鍛え抜かれた厳しさの中にある。生前、5000社を超える企業を立て直した、名経営コンサルタントの社長指南の真髄がここに。

1,500円

大川隆法 霊言シリーズ・新型コロナ感染・人類への未来予言

イエス・キリストは コロナ・パンデミックを こう考える

中国発の新型コロナウィルス感染がキリスト教国で拡大している理由とは？ 天上界のイエスが、世界的な猛威への見解と「真実の救済」とは何かを語る。

1,400 円

釈尊の未来予言

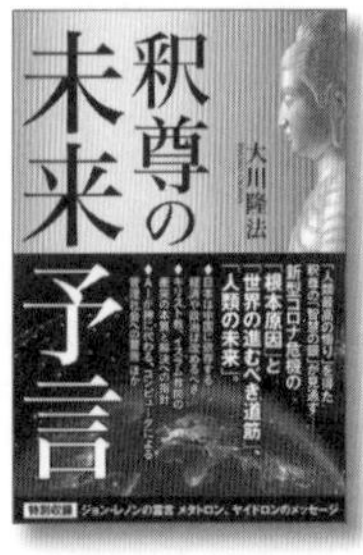

新型コロナ危機の今と、その先をどう読むか──。「アジアの光」と呼ばれた釈尊が、答えなき混沌の時代に、世界の進むべき道筋と人類の未来を指し示す。

1,400 円

中国発・新型コロナウィルス 人類への教訓は何か

北里柴三郎 R・A・ゴールの霊言

未曾有のウィルス蔓延で、文明の岐路に立つ人類──。日本の細菌学の父による「対策の要点」と、宇宙の視点から見た「世界情勢の展望」が示される。

1,400 円

コロナ・パンデミックは どうなるか

国之常立神 エドガー・ケイシー リーディング

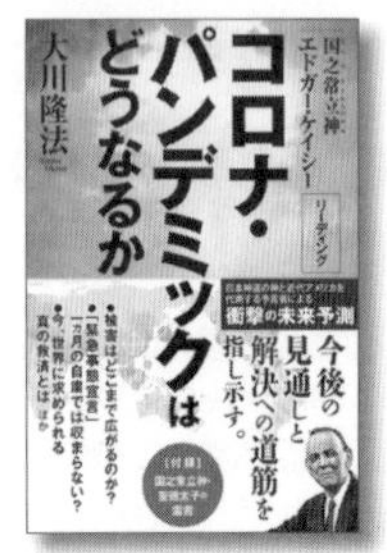

世界に拡大する新型コロナウィルス感染の終息の見通しは？ 日本神道の神と近代アメリカを代表する予言者が示す「衝撃の未来予測」と「解決への道筋」。

1,400 円

※表示価格は本体価格（税別）です。

モナコ国際映画祭2020
最優秀作品賞
(エンジェル・トロフィー賞)
モナコ国際映画祭2020
最優秀主演女優賞
モナコ国際映画祭2020
最優秀助演女優賞
モナコ国際映画祭2020
最優秀VFX賞

幸福の科学グループのご案内

宗教、教育、政治、出版などの活動を通じて、地球的ユートピアの実現を目指しています。

幸福の科学

一九八六年に立宗。信仰の対象は、地球系霊団の最高大霊、主エル・カンターレ。世界百カ国以上の国々に信者を持ち、全人類救済という尊い使命のもと、信者は、「愛」と「悟り」と「ユートピア建設」の教えの実践、伝道に励んでいます。

（二〇二〇年五月現在）

愛

幸福の科学の「愛」とは、与える愛です。これは、仏教の慈悲(じひ)や布施(ふせ)の精神と同じことです。信者は、仏法真理をお伝えすることを通して、多くの方に幸福な人生を送っていただくための活動に励んでいます。

悟り

「悟り」とは、自らが仏の子であることを知るということです。教学(きょうがく)や精神統一によって心を磨き、智慧(ちえ)を得て悩みを解決すると共に、天使・菩薩(ぼさつ)の境地を目指し、より多くの人を救える力を身につけていきます。

ユートピア建設

私たち人間は、地上に理想世界を建設するという尊い使命を持って生まれてきています。社会の悪を押しとどめ、善を推し進めるために、信者はさまざまな活動に積極的に参加しています。

国内外の世界で貧困や災害、心の病で苦しんでいる人々に対しては、現地メンバーや支援団体と連携して、物心両面にわたり、あらゆる手段で手を差し伸べています。

年間約２万人の自殺者を減らすため、全国各地で街頭キャンペーンを展開しています。

公式サイト **www.withyou-hs.net**

ヘレン・ケラーを理想として活動する、ハンディキャップを持つ方とボランティアの会です。視聴覚障害者、肢体不自由な方々に仏法真理を学んでいただくための、さまざまなサポートをしています。

公式サイト **www.helen-hs.net**

入会のご案内

幸福の科学では、大川隆法総裁が説く仏法真理をもとに、「どうすれば幸福になれるのか、また、他の人を幸福にできるのか」を学び、実践しています。

仏法真理を学んでみたい方へ

大川隆法総裁の教えを信じ、学ぼうとする方なら、どなたでも入会できます。入会された方には、『入会版「正心法語」』が授与されます。

ネット入会 入会ご希望の方はネットからも入会できます。
happy-science.jp/joinus

信仰をさらに深めたい方へ

仏弟子としてさらに信仰を深めたい方は、仏・法・僧の三宝への帰依を誓う「三帰誓願式」を受けることができます。三帰誓願者には、『仏説・正心法語』『祈願文①』『祈願文②』『エル・カンターレへの祈り』が授与されます。

幸福の科学 サービスセンター
TEL 03-5793-1727
（受付時間／火～金：10～20時 土・日祝：10～18時（月曜を除く））

幸福の科学 公式サイト
happy-science.jp

ハッピー・サイエンス・ユニバーシティ
Happy Science University

ハッピー・サイエンス・ユニバーシティとは

ハッピー・サイエンス・ユニバーシティ（HSU）は、大川隆法総裁が設立された「現代の松下村塾」であり、「日本発の本格私学」です。
建学の精神として「幸福の探究と新文明の創造」を掲げ、チャレンジ精神にあふれ、新時代を切り拓く人材の輩出を目指します。

人間幸福学部　経営成功学部　未来産業学部

HSU長生キャンパス TEL **0475-32-7770**
〒299-4325 千葉県長生郡長生村一松丙 4427-1

未来創造学部

HSU未来創造・東京キャンパス
TEL **03-3699-7707**
〒136-0076 東京都江東区南砂2-6-5

公式サイト **happy-science.university**

学校法人 幸福の科学学園

学校法人 幸福の科学学園は、幸福の科学の教育理念のもとにつくられた教育機関です。人間にとって最も大切な宗教教育の導入を通じて精神性を高めながら、ユートピア建設に貢献する人材輩出を目指しています。

幸福の科学学園
中学校・高等学校（那須本校）
2010年4月開校・栃木県那須郡（男女共学・全寮制）
TEL **0287-75-7777** 公式サイト **happy-science.ac.jp**

関西中学校・高等学校（関西校）
2013年4月開校・滋賀県大津市（男女共学・寮及び通学）
TEL **077-573-7774** 公式サイト **kansai.happy-science.ac.jp**

仏法真理塾「サクセスNo.1」

全国に本校・拠点・支部校を展開する、幸福の科学による信仰教育の機関です。小学生・中学生・高校生を対象に、信仰教育・徳育にウエイトを置きつつ、将来、社会人として活躍するための学力養成にも力を注いでいます。

TEL 03-5750-0751（東京本校）

エンゼルプランV TEL 03-5750-0757

幼少時からの心の教育を大切にして、信仰をベースにした幼児教育を行っています。

不登校児支援スクール「ネバー・マインド」 TEL 03-5750-1741

心の面からのアプローチを重視して、不登校の子供たちを支援しています。

ユー・アー・エンゼル！（あなたは天使！）運動

一般社団法人 ユー・アー・エンゼル TEL 03-6426-7797

障害児の不安や悩みに取り組み、ご両親を励まし、勇気づける、障害児支援のボランティア運動を展開しています。

NPO活動支援

学校からのいじめ追放を目指し、さまざまな社会提言をしています。また、各地でのシンポジウムや学校への啓発ポスター掲示等に取り組む一般財団法人「いじめから子供を守ろうネットワーク」を支援しています。

公式サイト mamoro.org ブログ blog.mamoro.org

相談窓口 TEL.03-5544-8989

百歳まで生きる会

「百歳まで生きる会」は、生涯現役人生を掲げ、友達づくり、生きがいづくりをめざしている幸福の科学のシニア信者の集まりです。

シニア・プラン21

生涯反省で人生を再生・新生し、希望に満ちた生涯現役人生を生きる仏法真理道場です。定期的に開催される研修には、年齢を問わず、多くの方が参加しています。全世界212カ所（国内197カ所、海外15カ所）で開校中。

【東京校】TEL 03-6384-0778 FAX 03-6384-0779

メール senior-plan@kofuku-no-kagaku.or.jp

幸福実現党

内憂外患の国難に立ち向かうべく、2009年5月に幸福実現党を立党しました。創立者である大川隆法党総裁の精神的指導のもと、宗教だけでは解決できない問題に取り組み、幸福を具体化するための力になっています。

幸福実現党 釈量子サイト shaku-ryoko.net
Twitter 釈量子@shakuryokoで検索

党の機関紙
「幸福実現党NEWS」

幸福実現党 党員募集中

あなたも幸福を実現する政治に参画しませんか。

○幸福実現党の理念と綱領、政策に賛同する18歳以上の方なら、どなたでも参加いただけます。

○党費:正党員(年額5千円[学生 年額2千円])、特別党員(年額10万円以上)、家族党員(年額2千円)

○党員資格は党費を入金された日から1年間です。

○正党員、特別党員の皆様には機関紙「幸福実現党NEWS(党員版)」(不定期発行)が送付されます。

*申込書は、下記、幸福実現党公式サイトでダウンロードできます。
住所:〒107-0052 東京都港区赤坂2-10-8 6階 幸福実現党本部
TEL 03-6441-0754 FAX 03-6441-0764
公式サイト hr-party.jp

幸福の科学出版

大川隆法総裁の仏法真理の書を中心に、ビジネス、自己啓発、小説など、さまざまなジャンルの書籍・雑誌を出版しています。他にも、映画事業、文学・学術発展のための振興事業、テレビ・ラジオ番組の提供など、幸福の科学文化を広げる事業を行っています。

アー・ユー・ハッピー？
are-you-happy.com

ザ・リバティ
the-liberty.com

幸福の科学出版
TEL **03-5573-7700**
公式サイト **irhpress.co.jp**

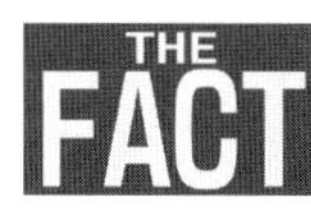

ザ・ファクト
マスコミが報道しない
「事実」を世界に伝える
ネット・オピニオン番組

ニュースター・プロダクション

「新時代の美」を創造する芸能プロダクションです。多くの方々に良き感化を与えられるような魅力あふれるタレントを世に送り出すべく、日々、活動しています。 公式サイト **newstarpro.co.jp**

ARI Production

ARI Production

タレント一人ひとりの個性や魅力を引き出し、「新時代を創造するエンターテインメント」をコンセプトに、世の中に精神的価値のある作品を提供していく芸能プロダクションです。 公式サイト **aripro.co.jp**

大川隆法　講演会のご案内

大川隆法総裁の講演会が全国各地で開催されています。講演のなかでは、毎回、「世界教師」としての立場から、幸福な人生を生きるための心の教えをはじめ、世界各地で起きている宗教対立、紛争、国際政治や経済といった時事問題に対する指針など、日本と世界がさらなる繁栄の未来を実現するための道筋が示されています。

2019年12月17日 さいたまスーパーアリーナ「新しき繁栄の時代へ」

2019年10月6日 ザ ウェスティン ハーバーキャッスル トロント(カナダ)「The Reason We Are Here」

2019年7月5日 福岡国際センター「人生に自信を持て」

2019年3月3日 グランド ハイアット 台北(台湾)「愛は憎しみを超えて」

2019年7月13日 ホテル イースト21 東京「幸福への論点」

講演会には、どなたでもご参加いただけます。
最新の講演会の開催情報はこちらへ。 ⟹ 大川隆法総裁公式サイト https://ryuho-okawa.org